问俗

黄河的祈福

摄 影／撰 文：周 彬

山西出版传媒集团

三晋出版社

铁乳之葬酬赵

河

古老的黄河岸边

长河低吟、静流而过

粗粝的嗓子歌唱出悠远的祈福

聆听黄河千年的清声

感受回荡不息的虔诚的信仰

大河边上

　　大河天上来，吟唱着远古的涛声。她听惯了岸边的人们失去亲人的哭诉，看惯了世事变迁的心酸。但大河依旧是那样的安静，因为承载了太多的往事。

　　大河以一位长者的心态，平静流淌着，蕴含丰富的情感，平等孕育着大河两岸所有的生灵。世代生活在大河边上的人们可以倾听涛声里的故事，听远古的风从浪花间穿过的低沉。我们还可以从涛声中听到哽咽的低吟，那是大河在说述千年以来的故事。

　　我习惯了游走在大河的边上，倾听大河的吟唱。我习惯了行走在乡亲们祈祷的队伍中，感受他们心底的善良。大河无言，这里的人们用自己的方式年复一年地代言着大河的祈祷，用自己的方式抒发着对于大河的敬畏。人们选择在每年开春的时节，举办神圣的仪式，与大河搭建起对话的空间，倾诉着心中最美好的愿望。人与神的对话便在这些仪式中伴随着悠扬的曲调、精美的祭品、喧天的锣鼓，温暖地进行。

于是，这里的人们会在仪式后，带着满足的笑意，继续守候着大河的流淌。

我问过很多参与这些仪式的人们，他们举办这样的仪式的目的，回答有很多种。但是我记住的只有一个："有啥目的了？没，这就是我们大河边儿上人们的信仰，一个头磕下去。心里就踏实了。"是的，这是一句很实在的回答，也是这些大河边儿人们的最淳朴的心声。我们必须有自己内心的敬畏。这里的人们选择了心中各路的神仙来作为对话的载体，祈祷着心中的美好愿望。但是你从这些仪式中可以看到，他们选择对话的神与我们观念中的总是有所差别，他们不会在乎哪一种神是怎样的存在形态，代表着怎样的思想体系。在他们心中，其实只有一种神，那就是通常说的"老天爷"。实际上，他们的所作所为，是敬畏大自然，是在与大自然对话。"大自然"是大河边上人们共有的神，也是我们人类真正应该敬畏的神。

我的行摄是出于对大河边儿人们的敬畏。这些仪式虽然载体有所不同，但是发出的吟唱都是同一种声音——祈祷着我们人类可以更好地与大自然和睦相处，少些天灾人祸，多些风调雨顺。

书中会展现 12 种人神对话的仪式，几乎都来自远古的传承。凝视自己，我们是否也参与其中。对话自然，吟唱出我们各自的心声，祈福我们的安康。

大河亘古不息，散去的人们都进入了梦乡。我拖着有些疲惫的身体走在村子的小路上，那些白日里的喧哗久久在脑海里回响。窑洞里的炕是可以放平了身子，带来舒适。但我却不敢躺上去，因为那里有太多的温暖，我知道一旦躺上去所有的记忆只能依赖相机中的图片，只剩回忆的残缺。村庄的小路在月光下泛出白色的光，蜿蜒曲折。我就这么静静地走着，思绪中整理着一天的收获。不为思考人生，只为可以留住这些记忆。

放赦

一条上千米的绳子
是挂于村边最高的山顶与
河滩之间，各路神仙在震
天的鞭炮声与呐喊声中沿
绳子飘然而落。绳子的这
头是高山也是远古，绳子
的那头是河滩也是未来，
人们在这样的时空中寄托
所有的祈愿，期盼着所有
的美好。

问俗

放赦，释放，赦免之意。黄河边的佳县谭家坪过年有这样的活动叫"放赦"。还没过春节就听说了这样的名词，心中一直迷惑，究竟是怎样的活动取了这样的名字。

沿着黄河从碛口北上，大块的浮冰随着河水一路远去，偶尔咔咔的冰块撞击声破空而来。正月的黄河边多了许多在外回乡的人。靠近村口的路边围坐着穿着新衣的人们，中间是用煤块围起的旺火，大人们热闹讨论着昨晚社火上几个伞头的表现，孩子们游鱼一般穿梭其间，不时绊在大人的腿上，引来一阵责骂声。挨骂的孩子没有丝毫的在意，只是继续地欢笑跑动。有时骂了脾性大的孩子，他便会从口袋中掏出一只鞭炮偷偷扔进旺火，"噼啪"一声爆响让大人瞬间闭嘴，引得胆小的大姑娘、小媳妇一阵惊呼。瞬间的安静过后，孩子笑着跑开，大人们又吵吵地骂起来。

我享受着这浓浓的年意，走过一村又一庄。到了佳县已是夜色朦胧，寻得一家客栈，吃了滚烫的羊肉面，早早钻入被窝，明天就是初七，放赦的时间。

不到5点，我早早便被自己梦中的笑声惊醒。原来是梦到了一路走来的年意。河边的年是味道十足的，实在让人愉悦。摸黑出发，沿黄河南下，半个小时后便到了白云山下的谭家坪。村口的小庙灵应寺藏在两棵大树中间，院内火光闪动。院子不大，但方方正正。靠近庙门口的地上有一堆柴火着得旺实，凳子上有两人偎火坐着。

　　我的早到让他们有些惊讶，"来了"，几乎是异口同声，他们让出了靠近火堆的凳子一头。我递过去两支烟，我们便聊起了"放赦"。几句话以后，我知道了"放赦"一词来源于道家，是通过颁读赦书，以符咒法术调遣天将

引领亡魂离苦登真，达到开通地狱、开赦亡魂的法事。因白云山为黄河边的道家圣地，所以这里的人们一直延续了这种祭祀活动。时代变迁，放赦的仪式与意义有所保留也有所改变，是通过祭祀神仙，祈求一年风调雨顺、五谷丰登。

　　我有些无趣地问他们举办这样活动的意义，是否真的很灵验。他们憨憨地笑了，说："也没甚意义，灵不灵也不晓得。"那我说："不晓得就不用闹了，还得花钱了。"忽然，一人就着急了："那可不敢不闹，神仙每年都等的了，不闹了咋能行了。"我有些惊诧，另一人看了看我，说："不闹不行嘞，都是祖上传下来的，一直闹着呢，就是六几年上面不让闹的时候，也得悄悄地祭拜一下了。"我再看看他们，但他们脸上没有我想象中的严肃，依然是一脸的平淡。

　　我站起来，去点了一炷香插到香炉里，又递过去烟给他们。人很快就多起来，来得早的多是老年人。小院很快热闹起来，有人去旁边的院里捧出了十三个枣木雕刻的神仙，用红色、黄色的布料开始装扮木雕赦人，他们穿针引线忙碌着。我凑过去和几个忙碌的老人问询，明白了这些是年、月、日、时四值功曹、八仙及南极仙翁。

　　这时，有一些人在纠首的指挥下排成一队，队伍中有人手捧神龛、香炉，有人拿锣鼓乐器，更多的人手拿各种执事、彩旗，这是"圈村"的队伍。他们先到村西的山头小庙上跪请山神，然后沿村边绕至村南的黄河边上停下，面向黄河跪下烧香再请河神，之后再沿着村东的小路绕向村北请上土地，最后从村西绕回到寺院。沿路鞭炮不断，热闹非凡。

问俗

　　天一直阴沉着，西风带着河水的潮冷，让人觉得格外难挨。但这丝毫没有影响忙碌的人们，他们井然有序地为"放赦"准备着。一些年轻人抬出了大卷麻绳，呐喊着冲出小院。他们是提前去挂绳，从村子西边最高的山上把绳子顺到河滩，那绳子应该有上千米的长度，在年轻人的手中翻飞如龙，不多会儿就在山顶与河滩之间飞架出一道绳桥，等待着各路神仙沿着绳索飘然而下。

　　时间在忙碌与热闹中过得飞快，没觉得便到了正午。纠首根据今年的阴阳算出了神仙飘落的准确时间，然后写好了赦书放入南极仙翁的背囊中，并招呼人们开始请神上山。山路陡峭蜿蜒，仅容一人上下。我急急而上，赶在扛着神仙的人们前面。一路小跑，汗水淋漓，总算爬到了山顶。站在高处，小村的全貌尽在眼底，黄河蜿蜒南北，延伸向很远的天际。

　　各路神仙陆续到来，在一位老者的指挥下先横向排列，开始祭拜；然后再纵向排列，面对黄河。接着老者开始指挥穿神，先穿四值功曹，再穿八洞神仙，最后是南极仙翁。再依其重量绑上轻重不同的山石、艾草。然后是打醋坛，随着一声高亢的"熏坛"，众人放炮、行香，再把盛着醋的勺子放在火上烧至通红，然后来到赦人前浇上陈醋，顿时香气四溢。打醋坛者端着勺子在赦人前绕上一周，又将赦绳绕一周，意在沐浴净绳。

　　所有的准备工作都已完成，就等吉时一到，开始请各路神仙腾云驾雾而下。这时才是"放赦"的高潮。随着鞭炮齐鸣，我忽然发现阴霾的天空豁然开朗，露出蓝色的天空，竟然有朵朵白云瞬间飘来。而我来不及去思考这样的奇异天象，急忙举起了相机拍摄着飞速而下的赦人、赦马。只有短短十几分钟，随着南极仙翁的腾云而下，人们开始如潮水般涌去，只为抢到仙翁怀中的平安结，期望获得一年的平安。抢到的因兴奋而涨红了脸，向着远处的人们炫耀；没抢到的却也看不出几多沮丧。

　　纠首在人们的欢呼声中、在震天的鞭炮声中宣读着千年传承的《赦书》，他的声音高亢而兴奋，祈祷着这里的人们一年的幸福安康。

　　"放赦"就这样在美好的期望中落下帷幕。人们带着满足的笑容慢慢散去。这就是谭家坪人的年事，用远古的符号寄托着亘古不变的愿望。这时的我开始回望天空，阴云已然又开始聚拢，我不得不沉思刚才的异象，也许，在未知的地方，真有神秘的力量俯视着我们的虔诚以及对美好生活向往的企盼。

清醮会

三天三夜，数以万计的人们从四面八方赶来，他们在大河边的黄土沟壑中俯身跪拜，仰天而歌，撕裂时空，与祖先，与众神共舞狂欢。这是一种自发的超乎想象的力量，凝聚了人们信仰的光芒。我也醉在窑里，做一场欣然的梦，那必然是情感的凝结、心底的温柔。

问俗

　　年关近了，河上漂浮着白色的冰。天气预报说最近有雪，空气中便多了些湿冷的味道。"爬爬"坐在副驾驶上，他是我这一年行走黄河的摄友，一个憨直的黄河人，淳朴、善良，又有几分热土情结，一直关注并收集着河边的故事。这次我们是为了追寻一个大河边上流动的狂欢节，一个发生在年前的活动而来。

　　沿着黄河的西岸，我们的车拐进了一条上山的土路，小路依着沟壑攀升，一侧是厚厚的黄土坡，一侧是几百米深的黄土壕沟。车行谨慎，但后面依旧飘荡起漫天的黄土，弥漫着浓浓的土腥气，那是一种浓醇的亲切。

　　天空不知从何时飘下小雪，不知转过了几道弯，我们行走到了垣上，视线穿过雪花望去，便是一种苍茫的辽阔。我们前去的目的地是一个叫作贺家畔的山村。它是今年清醮会的主会场。行走的路，岔路不多，倒也省去了寻觅；偶尔有岔道，"爬爬"总是第一时间找寻路过的老乡打听着贺家畔的走向。垣上的风借着雪的淫威如刀子般划过脸颊，钻入脖颈。这一次，车外的"爬爬"很久才回来，带着一身的雪花急忙钻到车里，喘着气指出了正确的方向。

　　清醮会是脚下这处重峦叠嶂中四十多个村子共同举办的一个民间祭祀活动，有些小村会联合二三个共同作为当年的主办方，所以每38年一个轮回。清醮会由参加打醮的村庄轮流举办，每年举办的具体时间不定，要以一种宗教的神秘方式来确定，但都在年前腊月。这也造就了清醮会时间不同、地点不同、面孔不同的特征，增添了几分未知的神秘。

问俗

我们继续努力在垣上前行，山路上有了一些积雪，压住了黄土却湿滑了车轮。我回望崎岖的山路，有些担心起回去的路能否顺利。好在清醮会有三天的时间，担心只是瞬间。

贺家畔到了，山村坐落在垣下的阳坡，错落有致，约有上百眼窑洞分布其中。山村明显有着节庆的气息，虽然清醮会明天才开始，但可以看到人们已经在忙碌。我们几乎无须询问，便找到了人头攒动的会场中心。纠首放下了手中忙碌的事，热情地把我们让进了窑里，我们刚刚说了来自山西，目的还没说，纠首便笑着打断了我们："不用说了，我看你们身上的家伙就知道嘞，"转头便向门外吼着，"二妮，二妮你来下。""来嘞——"随着一声脆生生的回答，一位扎着红头巾、穿着花棉袄的媳妇带着风进来。"二妮，这二位是山西来的记者，安排到你家和咱们省上的记者一起住哇，招待好了哈，早早把炕烧上，别冻坏了客人。""嗯，嗯，放心吧，"说着扭过头冲着我们笑着说道，"走哇，先去歇歇。"

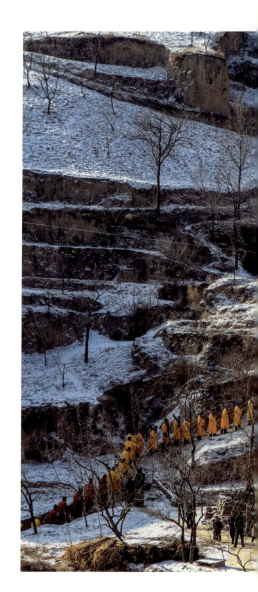

我忽然感觉自己不知再说些啥。茫然紧跟，只是几个转弯就到了一处精致的小院。二妮把我们让进了西头的窑，倒了热热的水便又风一样离去。习惯了这里人们的热情，我整理一下心情也就安心坐到了热乎乎的炕上。窑外的雪随着夜色渐沉变得纷纷扬扬。

　　因为我们的到来，二妮家特意给我们做了丰盛的晚饭。主人是一位60岁的精干人，戴了一副眼镜，应该是村里的智者。其余三位是陕北有名的摄影人。

　　"爬爬"是自来熟，拿出来我们带着的白酒，几杯下肚，窑里热闹起来。主人和三位同道热情地介绍起了清醮会。

　　清醮会是一种源于道家的仪式，目的是祭祀孤魂、为亡灵超度；驱灾害、保人畜平安；祈风调雨顺、盼五谷丰收的一种祈愿活动。但清醮会流传至今，与时代、与人们的一些生存方式相融合，逐渐成为当地民间风俗与信仰文化的新形式。

　　大河边的人们信奉着一切的神灵，根源于这里是中原边陲，沙尘暴、风灾、旱灾、冻灾、雹灾、瘟疫、战乱，这些天灾人祸让人们习惯了把苦难告问苍天，期盼所有的神灵佑护。所以，他们不分道教、佛教、儒家的流派；不分是传说中的三皇五帝，还是现代的伟人，不分是神话故事里的云上神仙，还是自然界的牛马幻化，只要是他们心中的大能便皆可登堂入庙，倾听他们的心酸与喜悦。

　　他们崇拜天地、祖宗，所以民间对天地、祖宗祭祀自然有了一系列的类似清醮会、牛王会、放赦等这样的大规模的祭祀活动。

问俗

夜已经很深，主人告知要早点休息。他也是会上的纠首之一，明天一定是格外的忙碌。窑里的夜很是宁静，我却辗转难眠，明天的万人聚会该是怎样的神圣而神秘。

清晨在雄鸡的啼鸣中醒来，我们的脚步兴奋而匆忙。融进狂欢的人流，却又茫然而无措。整个山村，临近的山顶、进村的山口都有忙碌的身影。我转去了道场，仰视着远古的图腾执杖排列出神秘威严，看人们穿梭有序，安顿着各路神仙就位。

远处的枣树下站着一位老者，一脸的慈祥，嘴角的烟袋即使是和我说话时依然叼在那里。我试图从他的表情中读出清醮会的些许，但许久他的表情始终不变，倒也演绎出了处变不惊的长者风范。也许是我问得多了，他终于笑着拿下了嘴角的烟袋，用力在鞋底磕去烟灰，然后随手插进腰间，说道："娃，该去吃饭了，吃完饭慢慢看。"

　　会上吃饭单独在一个院子，只要是来会上帮忙的都可以进去吃。醮会期间是不能吃荤的，院子的几口大锅里一边是土豆白菜粉条炖的大烩菜，一边是热腾腾、暄乎乎的馒头。几百人一起吃饭倒也壮观。民以食为天，清醮会其中一项愿望就是五谷丰登。

　　吃饱了，我沿山路登高，去村庄对面的最高处。那里人影朦胧，正在吊大塔。那是一种用彩纸做的幡子，立在道场附近的最高处，将各路神仙请来附在上面，以便他们高高在上，恩泽道场，惠荫万千的人们。看着不远的地方，爬去竟然用了近一个小时。站在高高的大塔下面，我环顾四周，黄土绵延披上了白色的新装，七里八乡的人们正在蜂拥而来，为了一场心灵的狂欢。

　　山的那头有沟，纵横的土坎绵延不绝，沟里隐约有幡顺山坡而下，又是望山跑死牛的节奏，终于看到这里的人们在布置着黄河九曲阵，因地制宜，用黄土坎勾画出大阵，插高粱秆安放灯盏。

　　走在回去的路上，有道长从另一条沟里的幡场返回。我们结伴而行，听他说从这里去幡场还要走很远，我疑惑为何几处主要道场相隔如此远的距离。道长摇摇头，很是奇怪我的问题。"你不是陕北的吧，你看看这沟壑，能让那么多人转起来的平地哪有，只能是沟沟里寻下这几块，远点怕啥，咱陕北人还怕走路了！对了，你听过《信天游》吧，那里面不是唱了'见得上个面面，拉话话难'。不就是说咱陕北看得见、说话听不见的圪梁沟沟么。"我听着道长的话倒是欣喜，原来他们也不是那么高深莫测啊。但我再问醮上的一些含义时，他竟然说："先好好看吧，举头三尺有神灵，人有了敬畏之心才能好好活着嘞。"

走来走去，日头又落在了西边。深深的夜中，灯光下还是纷纷扬扬的雪。怀着敬畏之心活着，也许我应该在这样的环境中放下一些思考，享受这场人与神的对话；享受这大幡下的辛酸与快乐；感受所有人一年心情释放的舞蹈，表达所有的美好期盼。

雪终于在"圈村"的路上停了下来，蜿蜒数里的队伍在厚厚的黄土中持续行进。醮会的第二天是"圈村"，也是最辛苦的一天。

时钟过了零点，便是第二天，整个山村进入"圈村"的准备阶段，忙碌而有条不紊的人们在昏暗飘摇的灯光下拖着长长的影子，如神一般舞蹈。一支四百多人的队伍不一会儿就井然有序地排列就绪。走在最前面的是主神牌位，随后的是年、月、日、时四个使者以及十大元帅的木雕像，再后有祖师殿前的法器家什，最后是打着彩旗的一众人们。

间隔

队伍开始浩浩荡荡走出山村，彩色的旗帜、黄色的衣袍、庄严的图腾，在喧天的锣鼓中开始一天的穿行。黄土的沟壑峁梁中有了一条五彩的龙，舒缓地伸展着，传达出对大河精神的一种虔诚，飘逸成一道靓丽的风景线，在广袤的天地间舞动飘升。

我紧跟着队伍，越过曲折与坎坷，不时翻越与攀爬。有时走在队伍中，有时又在另一个圪梁上。他们始终不离我的视线，也始终冲击着我的心灵。

我从一开始来到这里，就试图问询着这里的人们，希望从他们的语言中获取他们如此虔诚的理由，但我失望了，他们总是告诉我先看看吧。他们的脸上偶尔会洋溢出笑意，但那只是瞬间，与祈福无关。更多的时候，他们只是平静地忙碌，安然的神情。

"神祇的唯一特征，就是它具有超自然的力量。"我听过这么一句话，也许可以作为此时的答案。我们很多时候对于活着真的是茫然无知，也许曾经做过许多的梦，规划过很多蓝图，但却无法抵御变化。也许，这里的人们更多地懂得接受变化的魅力，用一年一度的行走与跪拜来填平理想与现实之间的沟壑。

太阳升起的时候，我们来到了第一个村庄。那里的人们已然早早等在村口，用喧天的鞭炮欢迎着神的到来。大家熟知的程序——跪拜、焚香、祈愿仪式很快结束，队伍又漫延在积雪的沟底、陡峭的圪梁。他们就这样一直走着，把香火送到方圆几十公里的角角落落。希望所到之处人神同乐，受到神的庇佑、驱散灾难，在未来的一年中风调雨顺，平安幸福。

问俗

　　对于他们的虔诚，我不知为何会有嫉妒的心理。看他们走在高高的山脊，犹如在天上。我相信他们是无限崇敬上天的力量，也是真心期盼神灵赐福解厄。我嫉妒他们此刻的幸福，心灵的满足。

　　我不知从何时开始，面对的都是知识与理智，心封闭在自我的世界，不再敬畏，不再相信。有时甚至是忘记了活着的乐趣。虽然看起来比这里的人们衣服光鲜，过着所谓多姿多彩的生活，但似乎总是若有所失，永远是程序一般的工作，平淡无奇地活着。

　　一天的翻山越岭，夜深的时候我却亢奋而毫无睡意。窑里的炕是暖暖的，窑里的馍是热热的，窑里的笑脸是憨憨的，窑里的酒是不醉人的，窑里的笑语是放肆的，窑里的《信天游》是悠长的，窑里的自己是真实的。

我们在窑里，伴着风箱的呼吸，吼着羊肚肚手巾的三道道蓝，叹着这么好的女子见不上个面，追忆着那么旺的火却烧不热个你的遗憾，流着苦涩的泪抛在沙蒿蒿里寻不见。醉在窑里，做一场欣然的梦，那必然是情感的凝结，必然是心底的温柔。

隔壁有《走西口》隐约流淌，应该是二妮呼唤老公早些去歇息的信号。我们瞬间便屏住了呼吸，看着醉态十足的二妮老公脸上泛出的幸福笑意，

那身躯随着歌声微微摇动，倾听那律动中隐约的忧伤与哽咽，欢快与甜蜜。他的醉意中一定看到了"毛眼眼"在闪烁，看到了"那下饺子下了一锅山药蛋"的心乱，我们真的是嫉妒了。

醉在窑里真好，那暖暖的热炕可以听到远古的风，可以看到完美的金黄的龙蜿蜒在美丽的画里。今夜是美好的，因为醉在窑里。

"迎贡"也是整个打醮活动中非常重要的一个环节，依旧又是长长的队伍，不同的是走在主办的村子里。坡上坡下依旧浩浩荡荡，锣鼓喧天、鞭炮齐鸣。迎来的贡人们一路要顶在头顶，以示虔诚，直到供在祖师殿前。

问谷

　　"迎贡"的队伍中有一个特殊，那就是"抬楼子"，虽然只是一个十几斤重的木质小楼子，但因为其中安置的是所供的神，所以楼子的行走并不是按照四个抬者的意愿行走，而是由楼子内所供的神掌控，大路、小路、沟里、坎上随缘而去，抬楼子的人们却也如履平地，将神安稳送往。

　　整个上午的时间，村子里是沸腾的，直到午后四点，午饭开始。

　　人们几乎都是一样的动作，端一碗菜，筷子上扎两个馍，很快便结束。接下来的时间就是整个醮的高潮，去另一条沟里祭祀幡场。

　　幡场的正中央树立一个高大的幡子，在木棍上段绑一个扫帚，代表着神（鬼），一根红布条拴在木棍的顶端，底下绑着一个小面人。（据说那些久婚未育或新婚的妇女们只要用手摸一下小面人的男性生殖器就能如心所愿生个一男半女。）

　　这里还供奉着看守幡场的神，纠首在神位前焚香，在道士的祈祷声中不断燃烧着黄表纸。

　　所有的拜祭结束，人们便开始了与神共舞的狂欢，一圈又一圈地围绕幡子而舞，这又叫作转幡。道士在前面手拿法器、口中念念有词，人们手拿彩旗、家什相互簇拥着跟在后面，不停地舞动，最后汇聚在幡子下面。

　　此时有人便会去摸面人的生殖器，也有一些人会乘道长不注意去摸道长的头。很快，一溜的队伍演变成道长被一群小媳妇们追得是四处逃避的嬉闹。欢乐的笑语飘荡出山谷，回响于脚下，这是亢奋、欢乐的海洋。

　　回去的路上已是日落，途中的黄河九曲阵中的灯盏已经点燃。人们又开始围着灯场转，转出九九八十一阵，转出顺心，转出欢乐，转出美好，转出幸福。那些星星点点的火映照出欢笑的脸庞，幻化成流淌欢乐的长河。

　　结束了一年一度的祈福，我们也准备离去，早起的太阳绽放出暖暖的笑脸。出村的时候我们遇到了来迎接神龛的明年主办村，他们已经开始了兴奋的交接，我们相信明年的清醮会一定会如期在黄土地的另一处沟壑中再次扬幡，那必定又是一场狂欢。

　　我们有理由相信，这里的人们必然会幸福安康，与物质无关。

盘子会

用智慧将虔诚浓缩
为一座庙宇，选择元宵
佳节搭建在自己家门前，
请神护佑一年的安康。

这是大河边上柳林人的
祈福方式，旺火、古镇、
天官会、火红的灯笼，
虔诚的信仰，一切都让
我们穿越回两百多年前
的旧时光，感受亘古不
变的期许。

问俗

　　黄河中游的柳林县西去十余公里是穆村。每到元宵佳节，这里的人们便会围绕着一种特殊的木制古亭"盘子"，展开具有民间宗教信仰的祈福活动。"盘子会"便成了当地民众每年祭祀的重头戏。

　　"盘子"是一种形似古楼阁的木制古亭，是"浓缩的庙宇，扩大的神龛"。其中供奉有人们心中的各路神仙，雕梁画栋令人赞叹。如真正的庙宇一般，"盘子"虽小却无一遗漏，梁栋、檐柱、斗拱、屋顶、飞檐面面俱到。装饰附件也十分精致，铜铃、铁马、玻璃、纱窗、楹联、彩绘等一应俱全。"盘子"还可重复利用，用时拼装搭建，过后拆开保存。

　　我是慕名而去，从柳林县城一路寻来，县城及沿途都有不少盘子已经在忙碌地搭建。穆村是一个上万人的村镇，加上近些年煤炭形势大好，村里的人们依托能源优势，生活得风生水起。村镇的建设也配套齐全，一间规模中等的商务酒店让我打消了返回县城住宿的念头。

据考证，柳林县现存最古老的盘子就保存在这里，大概出自清光绪年间，距今已有 100 多年的历史，仍然完好。古老的街道，历经风霜的寺楼，众多的参与者，近百个的盘子，这里的元宵节必然是欢乐的海洋。

安置好装备，我有些迫不及待地冒着小雨走进了街巷，寻找着远古的气息。沿着泥泞的雨巷，几乎每个转弯的开阔处，一定有盘子依墙而立。雨中，人们依旧忙碌，忙碌地搭建着盘子。现场最多的是青壮年，他们在一些老者的指挥下井然有序地将盘子拼装。一些孩子打着鲜艳的花伞穿梭其中，跑过积水处，溅起四散的泥水，大人们大声笑骂，同时急急去护住盘子的用品，尤其是放在门楼下高处的诸神，唯恐泥水溅污。

我向站在门楼下指挥的老者问询着盘子的来历。他笑笑说道："我也说不好，都是从老辈们那里传下来的。听老人家说过，最早的时候我

们这儿是有'搭神棚'的活动，后来人们都想就近参与，祭拜一些神人，讨个好年成。后来就有一些能人模仿唐朝时候的'祭盘'，把需要赶到很远地方祭拜的庙宇按比例缩小，做成可以随时搭建的神坛。这样，我们就可以把神坛带着，农闲的时候拜拜神仙。"我又问道："那搭盘子累不，也麻烦了吧？""噢，可不敢瞎说了，这有啥累的嘞，大点的也就三两天，小点的一天就弄好了。我们都赶着来弄了，对自家好着呢。"

　　"那咋每条街上都有了，村子里搭一个不就好了？""那你就不知道了，拜神神还能偷懒了，人家搭的是人家的心意，我们这个是这条街的9户人家一起弄的，要用心做了嘛，不然老天爷不照顾咱嘞。"

　　一来一往的对话中，我有些明白了这种活动的大概，"盘子"应该是当地语言的音译名，泛指大家聚在一起祈福的场所，传至后来演化成具象的载体（木质小庙宇）的称谓。而这一活动无非与其他以赦人、牛王、鼓车为载体的祈福集会相同，都是为了许下身体健康、风调雨顺、五谷丰登、早生贵子等美好愿望。

　　说话间，我眼前的盘子已经搭建完毕。老人亲自将身后的各路神仙（有佛、神仙、菩萨等）小心翼翼地请入盘子的中心。然后便是供放各种祭神供品，有典型的北方面塑花馍，如面猪、面羊、面鱼、面雁等；还有代表当地特色的枣山、枣洞洞等。贡品栩栩生动，制作精巧，再一次证明了人们精湛的技艺与虔诚的心。

　　在震天的爆竹声中，人们虔诚地跪在泥水中，香火开始在盘子前缭绕。接下来，他们又开始在盘子前搭建起旺火，很快就搭好了一座高约两米的由炭块垒砌的旺火。只待夜幕来临点燃人们的熊熊热情，围绕着盘子跳起祈神的秧歌，宣泄一年来的劳苦与积郁，心怀着美好的希望与憧憬。

　　望着散去的人们，我忽然感觉到了身上湿衣的寒意。告别了那些还

在奔跑的孩子们，赶去住处。简单地休整，换下了湿湿的衣物，我再次出发。让我惊诧的是有好些白天认识的孩子们等在门口，看到我便都围拢来，七嘴八舌地告知我哪里的盘子好看，哪里的旺火大，哪里的秧歌热闹。我看着这些孩子们天真的笑脸，竟然有些感动。急忙去旁边的杂货店买了一些零食，我们边吃边更加熟络起来。我如孩子王一般，在他们的带领下，开始转悠那些已经开始热闹的盘子。

　　盘子会一般是在每年的正月十二、三开始，到正月十五达到高潮。正是热闹的时候，我刚好在此。孩子们欢快的脚步、愉悦的神情、率真的笑语引领我游逛。我似乎从他们的脸上读到了一些"盘子会"得以流传的真谛。生活给了我们多样的选择，如此时的雨，有人向往雨霁后的蓝天，有人埋怨它带来的泥泞。孩子们只在乎喧闹的节日，在乎闪烁的灯火。我的关注又在哪里？其实，我们每个个体对于历史的长河只是瞬间，我们何不像孩子们一样，快乐于当下。"盘子会"之所以流传百年，一定意义上正是一种单纯的信念支撑。

　　孩子们欣喜于我的关注，他们尽情地喧闹，丝毫没有在乎盘子上那些闪烁的大字"天官赐福""麒麟送子"等。也许这些对于他们来说甚是遥远，但大河亘古的流淌已将这些对自然的虔诚写入遗传的基因。

　　夜很快笼罩在村庄之上，火红旺火在人们的欢呼中开始奋力地燃烧。孩子们兴奋着火的跳动，将随手捡来的木棍伸向旺火，奔跑中挥舞着，点燃了"盘子会"的喧腾，同时也淹没了那些子夜时分手捧面塑贡品的人们。即使他们虔诚而来，信奉着"点头香"的习俗，但还是无法抵御孩子们火一样的喧哗与热情。生命总是在不断更替，我们所有的努力又何尝不是为了下一代的欢心，看着盘子带给他们的喜悦，一切都已圆满。

问俗

　　欢乐在夜色中炸开，在笑语中弥漫，在虔诚中升华。"盘子会"就这样以一个又一个的单元点燃了整个山村的狂欢。我享受着这陌生而又亲切的欢乐。直到旺火燃尽炭块的精华，伴随着最后的火苗坍塌，人们也带着兴奋的余味陆续归去。

　　疲惫的身躯压倒了兴奋的心，我沉睡在有盘子护佑的岸边。几乎没有时间在梦中回味，我便被喧天的锣鼓唤醒。穆村新的一天在节日的喧闹中拉开帷幕。依旧沿着狭窄的、古老的街巷穿行，不时有身着古装的人们迎面而行。他们是"盘子会"中社火人物的装扮者，行走到书写着"天官会"的明清建筑前，恍惚让人穿越到了那个时代。"盘子会"传承了几百年的香火，代代更替却久盛不衰。我们从中似乎可以明白一些道理，黄土地的人们也许不懂得日新月异的科技，但他们始终信奉一个真理，过一个天人合一、祥和神圣的节日很重要，借用这样的日子祈求生活幸福、平安吉祥。他们对美好快乐生活的向往和热情，处处散发出黄河人传统民俗文化独特的古韵遗风。

　　我离去的时候，这里的雨变成了纷纷扬扬的雪，一切恰好又应了"瑞雪兆丰年"的古谚。那些红灯笼和色彩鲜艳的盘子在白雪的映衬下格外醒目，似乎宣告着这里人们未来的吉祥安康。

黄河九曲阵

大河边的河滩上，正月里总是离不了黄河九曲阵。不管是高粱秆、玉米秆，还是黄土坎，一样可以围成曲折的大阵。只要有了麻油灯的闪亮，有了人们游走的身影，黄河九曲阵就永远是河边最耀眼的灯火。

　　走在冬季的黄河岸边，遒劲的枣树和穿天的白杨不断地向后掠过。一些喜鹊和叫作伯劳的鸟落在树梢，聒噪着冬天的寂寞。思维似乎冻结在西北风中，让我一时无法理出清晰的思绪。

　　前方有村庄，河滩上有晃动的人流。他们在忙碌着今年的祈福，布置着新的黄河九曲阵。我有些羡慕他们的忙碌，疲累化成盏盏灯火围成的一处方阵，欢笑着度过一年又一年的春节，许下一个又一个期盼。愿望实现与否仿佛并不重要，来年的黄河九曲阵依然会灯火辉煌，人头攒动。

　　我用了几年的时间，游走过黄河春节，也看多了各式各样的黄河九曲阵，从黄河流过的保德县到对岸的府谷、榆林以及再往下的临县、柳林等。不一样的村落有着不一样的阵势。有黄土作图，垄土勾画的；有玉米秆做隔离，彩旗做阵眼的。但无论是怎样的介质，都会依照古训巧妙地围成一处道场，包容了过去一年的心酸与眼泪，展望着来年的幸福与期盼。

　　一群又一群的孩子在油灯的闪烁中穿梭、嬉笑、打闹。看到他们的身影，忽然想起，黄河九曲阵也在我儿时的记忆中。虽然家乡在左岸，离着大河有一些距离，但我的记忆中依然有同样的画面，那时的我也如他们一样欢乐地转过一曲又一曲，奔跑着走出又回来。但我知道，那时的我丝毫不懂得这样的阵有着怎样的含义，寄托着怎样的期望。我只如眼前的孩子一样，只懂得热闹的欢乐。

间
落

　　我停下车，走进一处大阵旁边的帐篷。那是一顶黄色的大帐，犹如行军打仗时的中军大帐，大帐中有佛家如来、有道家真人、有仙家玉帝、有各路仙尊以及族中祖先等坐镇中央。一干本地的长者与能人在帐中忙活，不时有乡民进来虔诚燃香供神，上香过后开几句乡野玩笑，打发着等夜幕拉拢的时间。

　　我用几支烟熟悉了早已看中的长者，拉他转出大帐，寻得一处僻静，追寻着我的疑惑。长者表情开始严肃，随之打开话匣子开始讲起了他知道的"黄河九曲阵"："相传……"他伸出了手指指着我的烟盒，我忙着又抽出香烟递上，但当我摸出打火机时，却发现他嘴上还叼着上一支烟吞吐正浓，仔细打量，刚才递上的那支早已夹在他的耳后。

他得意地看了我一眼："话说，黄河九曲阵是很久以前的武王打纣王时候，纣王请高人摆下了这样的大阵，武王大队人马被困阵中无法脱困，死伤惨重。最后还是姜太公请来自家的祖师爷才破的此阵，救下西周人马。"

"这是一种说法，还有一种说法是，咳——咳——"他狠狠吐出一口痰，又吸了几口烟："另一种说法是云霄、碧霄、琼霄三姐妹为了给惨死的赵公明报仇，用闻太师的六百大汉摆成这样的黄河九曲阵。据说大阵有先天秘密，内藏三才，取天地之妙，中有惑仙丹、闭仙诀等生死机关嘞，外形就和咱们现在看到的一样，按照九宫八卦，连环进退的规则摆成，与内部的秘密机关相配合，让仅有的六百人，发挥出了百万雄师的威力，达到'神仙入阵而成凡，凡人入阵则绝'的造化奇绝的效果，但是最后还是被姜子牙破了阵。"

他再次看了我一眼，我忙着再递上烟。他深深地吸了一口，又说："传说嘛，俺也不知道哪个更真，你娃自己就是一听哈，想弄懂也只能梦里问神仙们哈。但是，俺们一直相信大阵有着神奇的用处呢，每年在阵里走走，拜拜，心里就舒坦嘞。"

看着我似乎还是有些疑问，他的神色有些认真起来，直接从口袋里摸出自己的一支烟直接对上，然后说道：

　　娃，你别不信！就俺们老人说过，明嘉靖年间，我们村方圆几十里
内，瘟疫肆虐，虫害连年，五谷不收，男人英年早逝，女人不生娃，人
们只能叫苦连天。

　　有一天村里来了一位道人说："你这一方有一恶魔在作孽，得在村
西边建一座观音庙，并在来年正月十五在庙前摆一个黄河九曲阵，就能
消灾免难。"于是大家凑钱修起了观音庙。摆了黄河九曲阵，人们在四
周观望黄河九曲阵，突然有一股青烟从阵中腾空而起，恶魔死于阵中。
奇迹果然出现了。

　　这一年以后的多年，俺们的先人都风调雨顺，五谷丰登。家家户户喜添贵子。人们为了长远的幸福，于是每年正月十四、十五、十六在观音庙前摆九曲，但无人去游绕。多少年之后，又有一位奇人出现了，他将黄河九曲阵的一根根桩木用高粱秆连起来，把里面所有的死门全部堵死，所有的活门全部打开。人们才开始游走阵内，游大阵也就成了我们过年的一种固定社火项目，从未间断，一直延续至今。

　　也许是说到激动处，他急急地咳嗽了几声，我又赶忙递上一支烟，他摇着头接过，别到了另一个耳后。继续说道：

其实，九曲的传说这么多，也不知经不经得起考证，但现在已经成了俺们的祈福道场，闹元宵必不可少的项目。每年这个时候，大家聚在一起热闹一下，心里踏实了，日子也就有盼头了。

现在的黄河九曲阵多用 5 根高杆，9 根次高杆和 315 根桩木横竖各 18 根插于土中，然后用横木串联起来形成 9 个蜗牛状连环弯，从正上方看是一个面积大约 300 平方米的正方形，其中有九曲十八弯。

九曲四角和正中央 5 根 10 米高的木杆上挂着红、黄、绿、紫、蓝五种颜色的方旗，上面写着东方甲乙木，南方丙丁火，西方庚辛金，北方壬癸水，中央戊己土，据说这个小乾坤是镇邪的。在九曲每一弯的中心有 9 根次高杆，上挂 9 盏八角大灯笼。灯笼的八面书有隶体字，福、禄、寿、喜、富、安、康、祥、顺，其余的 315 盏悬于桩木上的五颜六色的灯分别环绕着 9 盏大灯，这就构成了壮观的黄河九曲阵。

老人的话还在继续，我却被旺火旁一声高过一声的晋陕民歌吸引。歌手是一些年轻的小伙和女子，歌声很随意，甚至有些荒腔走板，歌词也即兴发挥，那或高亢、或轻柔的歌声都声声入耳，让我每一个细胞都嘭嘭嘭地饱胀起来，通体舒坦。可能在这一刻，我捕捉到了民歌真正的灵魂。

　　我看过的九曲很多，但印象最深的还是横山一个小山村的。那里的人们九曲供奉的灯盏是午饭后才开始准备。人们将土豆一分为二，然后挖去大部分的土豆瓤，留下一个又一个土豆灯碗，其中灌入灯油，插入灯捻，再按照顺序摆放到黄河九曲阵的阵眼中。天黑时，大人与孩子就去兴奋地点燃，一盏盏油灯映红了厚厚的黄土，照亮了笑意满满的大脸或小脸。尤其是女孩子，手捧着土豆灯，小脸更是红中带粉，不由得让我想起了冰心笔下的小橘灯的温暖。

问俗

　　一阵喧天的锣鼓与唢呐将我的思绪拉回，人们已经在纠首（也就是刚才与我絮叨的长者）的引导下开始祭拜。简单的仪式很快结束，一众迫不及待的人们前呼后拥地跟在纠首的身后开始大阵的巡游。不时有烟花在空中盛开，人们便在烟花和灯火的映衬下或明或暗地前行。当人流进入曲头时，看曲人要点香、烧纸、放炮，并有道人诵经，以示战捷。每曲中都有星君牌位，并设有专门看曲人，他们观察着各自的曲阵，并不时去添加灯油，拨亮一些灯盏。

　　转九曲的人往往很多。带着不同的祈愿，缺钱的求财、仕途的求官、新婚的求子、远行的求平安、在家的求吉祥，等等。但更多的人应该是图求这里的红火热闹，图这里可以聚拢的所有乡人，大家在不经意的抬头、回首中看到相熟的面孔，拉呱几句，相互问候，热热闹闹相跟上去。

　　人流不断涌入，九曲阵中容纳了太多的祈愿。几乎要2—3个小时，人们才会尽兴，陆续散去，各自走向回家的路。很多人会捧着"偷"来的油灯，把福气带回自己的窑里。我站在高处，那流动的灯火在山村的各个角落摇曳，承载着人们的满足与欢乐。

　　夜已然很深，我拢了拢大衣慢慢向山下走去。九曲阵中还有一些散落的灯火在夜风中飘摇，我也"偷"来一盏，照着我回去的路，期待着这古老的法阵可以带给我及家人幸福平安。

扎马角

这是古老血祭形式的一种，一根钢钎从口腔对穿而过，然后癫狂而舞，驱除邪魔。这是一种人类利用血肉之躯来与神对话的活动，其中不免有些血腥与不忍，但是，我们还是应该从中有所领悟他们对美好的渴求以及来自黄河汉子的张扬。

这是流传在山西晋南沿黄河一带的民俗活动。大致每年都有几个村子要上演这有些血腥的、古老的人神对话仪式。扎马角又叫"上马角",是当地人的叫法,现在一般都称"扎马角"。之所以叫作扎马角,应该是从行为动作而言,因其核心就是用一根钢钎从嘴里带血穿出,所以一个扎字,取其精魂。

"扎马角"这样的活动一般在正月里举行。我和儿子早早来到了这里,打听着今年会有哪些村子有这样的活动。当地的摄友很是热情,早早等在镇子的路口。简短的寒暄后,我们一起向小路走去。不过十几分钟的路程,我们就来到一个规模有上千人的村庄。当地摄友介绍了今年的纠首让我们相识,没有太多的客气,我们在几支香烟的递接中很快熟络起来。

按照习惯,我问的是活动的起源及意义,纠首回答的也大致如此。可能是看到我寻觅的眼神,纠首笑着说道:"娃,别找了。马角这几年都是外村的,在咱们这一带都是他们几个在扎,到晌午时才来了。"

我有些诧异地问道:"马角不是现场上身吗?"

"唉……"纠首长长地叹了一口气,"祖上是这么弄的,现在不一样了,生活条件好了,"接着他便尴尬地笑笑,"我们也改革了哇,现在马角基本上是固定的人来扎了,他们一个正月都在这一带弄这个事嘞,他们一弄就上身了。"

我还是有些疑惑，但看着他有些勉强的笑容，还是打住了问话。

日头很快就要走到了中天，一阵喧哗，大约有十几个中年人寒暄着走进了房间。他们手脚麻利地开始装扮起来，在众人的帮忙下，也就两支烟的工夫，他们便以一身红色的服饰亮相在大家面前。我找到了他们中领头的老者，依旧问起了活动的起源及意义。

老者很认真地说道："话说'马角'是一种恶煞凶神。实际上是咱们这儿黄河人的一种古老的图腾崇拜和鬼神信仰。由于咱们住在黄河岸边边上，过去黄河经常改道，一改道附近的村子就必定遭水灾。传说是河神和水鬼在作祟，咱们的祖先便借助这种神秘的形式来达到驱魔驱鬼的目的，寄托期盼好日子的愿望，这在以前叫傩戏。'马角'一般都是青年

壮汉，他们由神选定。吉时到了，他们就身穿大红衣服，头上
扎一条红绸子，头顶做两个马耳朵形状的角，将脸用红颜色涂红。
这样的装扮意在驱鬼逐疫，人们称之为'巫马角'。他们是沟
通神鬼与常人的通灵者，'马角'的动作形似鬼神，借神鬼之
名以驱鬼逐疫，祈福求愿。"

　　我听到这样的说法却疑惑更深，想起刚才纠首说起，活动是为了祈雨而起。众人缚龙王神像由众马角押解至黄河取水，一路挥舞大鞭驱逐拦路的各路抢水者，气势庞大浩荡，直至龙王降雨。

　　我正在疑惑困顿的时候，一个已经装扮好的马角"二牛"插话道："你说的这个也不对么，人家是说上古有一年咱们这一带黄河边上的各村都遭难，玉皇大帝遣十位天将骑神马赶去拯救生灵。众将马不停蹄、日夜长驱，结果累死一匹神马，回去的时候一将装扮为马交差复命。当地百姓为了纪念这位天将而效仿其穿刺扮马的行为，这个传统就一直延续下来。"说完他便有几分得意地扭头离去。

　　我继续疑惑，也思考着不同传说的原因。其实所有古老的民俗我们都难以追溯其真正的起因，那些活动都是民间大众自发而起的一种行为，历史文献都难以全面记载。我也不再执着于这活动的起因，毕竟时代在变，人们的习俗也随着改变，现在之所以还传承着这些古老的习俗，更多的是人们对美好生活的向往没有改变。

　　为了拍摄得准确，有的放矢，我继续向人们打听着活动的过程。当地的摄友给了我详细的答案。

  "扎马角"的过程大致如此：活动大体分为上马、逗马（表演）和下马等几个阶段。整个活动一般从早上开始，到下午才完。

  马角们开始装扮，先用黄绸巾裹头，再戴上用彩纸扎成的马角帽，马角帽多是由红、黄、绿色的彩纸剪裁三两个类似扇面形状，再用一条彩带串扎起来的。马角们再用赤色颜料抑或朱砂画抹脸颊的主要部位，如额头、鼻尖等，两腮处则画着斜叉的十字。对于穿着的行头以及用具、道具而言，各村的马角无一例外地都身穿大红色衣裤，斜挂一串马铃，左手执铁制的古戟、响刀或鬼头刀，右手握麻质马鞭。另外，每个马角身上还要披几条红缎子被面。据说马角披过的被面做成的被子可以驱祟辟邪。

　　主持上马角活动的司仪，或者称之为掌司、祭司，一般是两位六七十岁的长者。扎马角的扎器钢钎就握在其中一位的手里，并以黄纸包裹。有多少个马角勇士，就准备有多少根钢钎。钢钎因为是扎马角的最重要械具，以前都由当地铁匠特地打制，现在则是用大号螺丝刀去掉其木制手柄，系上一条红布条改制而成，也有的专门制作成类似关公偃月刀的样子，长约 30 厘米，粗细近 1 厘米，尖端呈三棱状。

　　锣鼓震天、铳炮慑势、人流鼎沸处，一行马角队伍浩浩荡荡、威风凛凛来到主场。马角勇士在越来越多、潮水般前涌的村民前高举马鞭，四下挥舞，向前拥挤的人群随着马鞭的挥舞范围又迅速向后退去，如此，既起到烘场作用，又扩大了活动场地。

又一阵锣鼓过后，第一个马角勇士在逗马人的引领下走上台子，站在高处，环顾四围，从司仪手里从容接过一根明晃晃的钢钎，右手紧握，此时呐喊声四起，锣鼓声激烈，气氛紧张异常，唯见勇士亮出锋利的钢钎，含了一口凉水，然后将钢钎插入口中，拧钻戳扎，迅即带血破腮而出。这一刻，在天地之间，在所有父老乡亲面前，男儿的勇气、豪壮、血性、神意都凝聚于钢钎之锋端。然后他从台上跳下，其他马角依次接上。

扎了马角的勇士们似乎此刻马角神已然附体，两者合一，先是做出马的昂首、尥蹶子等动作在场子里转圈、狂奔、跳跃，姿态疯狂凶恶，似舞似巫，一手执响刀在头顶哗啦啦地抖动，刀把上系着的红绫如旗，似狂怒冲杀之状；另一手持丈余马鞭，疾愤挥甩，呼呼生风，似有鞭服一切邪恶鬼祟之势。整个场面壮阔粗犷、惊心动魄。舞动数圈之后，马角们冲出人群奔向村里。其所到之处锣鼓热烈，炮声震天，人声嘈杂，黄土飞扬。不少年轻村民则围观取闹，挑逗马角，让马角的马鞭打到自己身上，据说以此可避邪、求吉祥。此刻，整个村子似乎形成了一个团在一起、聚在一起的强悍神体，在大河之滨沸腾、咆哮、怒吼。似乎所有掌管雨霖之神都屏气敛声、俯首帖耳，在马角神的威慑下尽心司职、恪守其诺。那马角神就是代言了百姓的心声释放。似乎瑞气祥凝、雨顺风调、五谷丰登，就在眼前……

　　马角们一般需要持续四五个小时完成他们的宣泄，最后回到主场地下马。下马时，马角们回到原来的表演高台在司仪长者的指导下迅速拔出钢钎，再对伤口进行相应的处理，为此次活动画上句号。

　　扎马角拍摄完毕，我回到驻地，心里没有了当初的迷茫和好奇。看着电脑中这些凝固的瞬间，我沉淀思绪，浸入对黄河厚土这一方土地的思考中。

　　眼前还是那些狂热的人群在晃动，大河流淌不息，衍生出了人们神秘的、虔诚的对上天的信仰。他们在渴求着上天的恩赐，不惜用自己的血肉之躯来完成这人神之间的对话。那种勇气来自对美好的渴求，那种张扬来自黄河汉子的刚猛。

　　人类文明诞生以来，渴望美好生活成为始终追求的目标。古代生产力的低下更是让人们把美好的愿望寄托于未知的上天。在岁首时节总是要闹闹社火，把劳作的辛苦、苦难的悲痛在震天的锣鼓鞭炮声中，撒着野来释放；同时将未来的期许尽情地吼叫出来。随着那一根根钢钎穿刺，谁又能说这些人不是在用自己的血来完美着自己的人生。世世代代听闻着大河的咆哮，这些人的骨子里已经继承了大河的奔放与不屈。

　　马角在奔跑着，人流在欢腾着。那甩得山响的鞭子仿佛是对上天的昭告，传达着这里的人们不屈的生存态度。鞭子挥动着，人们笑脸相迎着它抽打在自己的身上，也许只有在这时对于血肉之躯的痛感才会忽略。为了感受那种喜悦，我也迎着鞭子而上。也许是看我是外乡人吧，鞭子抽打在我身上时消减了些张狂，但我还是感觉到了那种隔着厚厚棉衣传来的生痛，有些火辣辣的味道。也许我骨子里没有他们的勇气，没有他们的狂热，所以我感觉到了痛。也许这就是黄河人。祝福这些勇敢的人们，明天会更好。

宁鹏程先生的《祈禳记》里这样写道：

我们只能说，上马角起源于一种古老的祭祀仪式，至于这种祭祀仪式是否就是农事祭祀，或者说，尽管农事以水为本，但农事性质的祭祀是如何转化、删汰而徒留为像上马角这样具体的有针对性的祈雨祭祀的，尚不能定论。

上马角活动蕴涵着古老巫舞、原始农耕社会血祭和傩祭的遗意，是农耕文明传承过程中一种较为典型的农事祭礼。因为它的特征非常鲜明，象征意义也很深刻，在娱神又娱人中吐露了村人功利性明确的祈愿意图。每一种文化和文明都有一个根，或许上马角就是这样的一个根的复合体。

最后的思考，这是一种人类利用血肉之躯来与神对话的活动，其中不免有些血腥与残忍，但是，我们还是应该从中领悟古老图腾的意义。这样的活动也许可以更好地表达远古遗风。我在行走的过程中了解到，类似这样的血祭在当今社会还存在很多。仅仅是与"扎马角"相似度很高的活动，就存在于七个不同的地域及民族之间。他们的活动都保留了利器穿刺；活动的形式都是依附神鬼，然后驱除邪秽；活动的区域都是小范围相邻的几个甚至十几个村庄。它们分别是山西的晋南黄河边、青海同仁、海口定边、广东湛江、福建厦门，马来西亚槟城，泰国普吉岛。

　　这样的活动我们暂且叫作"类扎马角"。地域、民族不同的背后是否隐藏着一些我们未知的人类迁徙或文化传播的故事，我还没有来得及去做进一步的调查，但我们不妨设想其中的关联，也许会因此而找寻到新的故事，给我们不一样的惊喜。

灯盏盏

黍子面在一双灵巧
的手中捏成了多样精美
的灯盏，等待夜色来临。
所有的灯盏盏都分案摆
放在山村的空地上，如
繁星闪烁，全村男女老
少围灯而转，一盏盏灯
火映红了赏灯人的脸，摇
曳着山村的夜晚，照亮
了山村的希望。

问俗

　　黄河的水流不尽，黄河边的故事讲不完。今天的故事该如何讲，又该讲述怎样的祈天故事。二月二是随着黄河水流淌的节日，黄河边的人们必然会在这样的日子欢庆与祈福。晋南的背冰亮膘、河古会,晋北的灯盏盏等都是人们在这个节日的欢悦。

　　故事只能有一个主题，我们今天先说河曲二月二的故事，即"灯盏盏"。一方水土一方人，一方人的故事必然离不开水土之源，我们先从河曲说起：河曲，因地处黄河弯曲处而得名。

　　河曲，战国属赵，一名林胡，又曰儋林，地处草原文化与中原文化的交汇地带。特殊的地域、融合的文化便产生了独特的当地文化特色，具体我们从两个方面简单说说。

　　河曲民歌、二人台：这里素有"民歌海洋""二人台之乡"之称，明代就有"户看弦歌新治谱，儿童父老尽歌讴"的场景。二人台作者、表演者、欣赏者皆为喝黄河水、吃酸捞饭的普通劳动者。二人台既有浓郁的地方草原风味，又有鲜明的农耕文化特色。两种文化的完美融合成就了这方水土的鲜明特征，也便有了这独特的艺术表演形式源远流长，日日夜夜唱响在这处黄河拐弯的地方。

　　酸捞饭：特殊的地域就有特殊的谷物，游牧民族与农耕人的饮食习惯融合成了这里别有风味的吃食——"酸饭"。相传河曲吃酸饭始于北宋。酸捞饭味如酸奶，黄亮坚韧，还能清热解渴。用心制成酸汤，将米放入，在15℃以上温度下浸泡4至8小时后澄出，即做成酸粥。做成稀饭叫酸稀粥，从沸汤中捞而食饭粒者叫酸捞饭，它是以糜米为主食的河曲人的创造，同时也是食用糜米的上好方法。

　　故事讲到这里，我们应该对这方水土有了大致的认知，这在故事的重要环节"灯盏盏"的起源方面会有所验证。"灯盏盏"产生的文化背景及所使用的

原料我们隐约了解一二，那么故事的进行便剩下了合适的时间。每年的
二月二便是这样的契机。

　　行走黄河多年，耳濡目染之余对黄河边的日历有了另一种理解，正
月初一是春节，二月二是青龙节，三月三、四月四……随着每个月的出
现便有相对应的日子来和着月份成为一个重要的节日。上古历法把重叠
的月日干支对应的节日安排得很妥当，非常符合人类与自然和谐的关系。
这样的节日把周期的轮回、人和自然以及农事、日月星辰的运作、人与
人之间的交往都融为一体。天人合一，这也是中国文化最微妙的地方之一。

龙抬头（二月二）有多种称谓，我们不妨择其二三来了解。

"春耕节"：最早起源于伏羲氏时代，伏羲"重农桑，务耕田"，每年二月初二"皇娘送饭，御驾亲耕"。这样的习俗说明了我们祖先对土地及耕种的依赖及关注。松土耕地，成为二月二这天的必须活动内容。历代帝王深知"惊蛰一犁土，春分地气通"，所以便在二月二率百官出宫耕地松土。这种习俗一直延续至清朝前期，帝王们也希望这样的亲自耕耘，能给老百姓带来丰衣足食。

"农事节"：华夏民族对龙的崇拜，是农耕文明的显著特征。民间传说每逢农历二月初二，是天上主管云雨的龙王抬头的日子。从此以后，雨水会逐渐增多起来。黄河流域广泛地流传着"二月二，龙抬头；大仓满，小仓流"的民谚。明代沈榜《宛署杂记》记载："宛人呼二月二为龙抬头。乡民用灰自门外蜿蜒布入宅厨，旋绕水缸，呼为引龙过。"明人于奕正、刘侗《帝京景物略》卷二，春场记载："二月二日曰龙抬头，煎元旦祭余饼，熏床炕，曰熏虫儿，谓引龙，虫不出也。"龙在华夏后人的心目中有着极其崇高的地位，是祥瑞之物，更是和风化雨的主宰。所以"二月二，龙抬头"表示春季来临，万物复苏。蛰龙开始活动，预示一年的农事活动即将开始。

"春龙节"：许慎的《说文解字》记载，"龙，鳞虫之长，能幽能明，能细能巨，能短能长，春分登天，秋分而潜渊"。这大概是"春龙"习俗的最早记载。二月初二这天，民间有剃头、祭祀、敬文昌神、吃面条、炸油糕、爆玉米花、吃猪头肉等习俗。关于"龙抬头"，流传谚语也很多，人们在起床前，先念"二月二，龙抬头，龙不抬头我抬头"，起床后还要打着灯笼照房梁，边照边念"二月二照房梁，蝎子蜈蚣无处藏"。所有的这一切形式、仪式都是在祈求神龙赐福，达成美好愿望。

故事讲到这里，我们便明白了"灯盏盏"产生的地域背景、文化载体、

传承契机等，那么接下来最期待的就是这种活动魅力的具体呈现。在河曲县城吃过了"酸捞饭"，喝过了"酸粥"，我们便前去寻找年复一年举办"灯盏盏"活动的那个小山村。

这是一个名字很拗口的小山村（碓臼也村），车子从沿黄公路河曲段折下，蜿蜒于山峦，豁然见前面高台上彩旗飘飘，人头攒动。弃车登高，在当地摄友的联系下，村主任热情地安排了向导。

随行转过一个弯来，眼前顿觉开朗，山村全貌扑面展开。整个村子不大，依山势而建。高低错落之间几条小路曲折相连，炊烟缠绕勾画出一幅山间春晓。

灯盏盏也就是用糕面（黍子面）经巧妇之手创意拿捏成神态各异的人物、动物形状的灯盏。灯盏盏活动，就是每家用托盘带着灯盏端至集中展示的地方，大家在会长的带领下围绕灯盏九圈来观赏、许愿，将今年的美好愿望燃上天庭，祈愿上天的恩赐，每家、每人都有一个平安、幸福的年景。

经村主任的推荐，我们走进了张大爷家。这个农家小院与村里其他人家大同小异，简单的柴门，三眼窑洞，屋里很大的面积是土炕，炕前是一个烧火取暖和做饭通用的土灶。而这个小院不普通的是正在炕上忙活着的张大妈，据说她是这个山村最巧的媳妇，可以捏出最生动的灯盏盏。

土炕上早已摆放了捏灯盏的面板、箅子和一些小工具，张大爷先开始捏，他将发好的黏面捏成两头微粗中间偏细的圆柱状，在顶端压下一个小坑槽，中间插上捻好的牙签粗细的棉花线做灯芯，又倒上灯油，一只灯盏儿就做好了。张大爷自嘲地说："我手笨，只能捏个这哇。"说着，他用手指指张大妈："老婆子捏灯盏，可是有几十年了，她才是真正的巧手儿。"张大妈用剪子、锥子、梳子、刷子、瓶盖等繁多的取自于生活中最常见的小物件，凭借着双手灵巧地锥、擀、梳、盖、拔、剪、滚、

刮、按、挑，不一会儿，威风凛凛的神龙、腾空飞跃的奔马、灵巧秀气的花朵、活泼可爱的羊羔等各具特色、栩栩如生的灯盏盏就呈现在眼前。金黄的色泽、朴拙的造型真看得我们目瞪口呆，惊叹不已。

张大爷数了数捏好的灯盏盏，微微地皱了下眉，好像是忽然想起了什么似的对老伴说："小牛的灯盏盏怎么没有呢？"原来制灯的数量是有规矩的，天一盏地一盏，家里的人各一盏，家里的牲畜也都有一盏。我不由地感叹，这里的人们视人畜生命平等的心态是多么的难得。说话间，张大妈三下五除二，一头憨态可掬的小牛灯盏儿就捏好了。

　　随着日头的西落，"灯盏盏"的活动将要进入高潮，一个又一个柴门中走出了男女老少，手持自家的灯盏盏在村里的山路上分案摆放，浇油点灯。顿时，犹如繁星落地，点点闪烁，天地同辉。同时，全村男女老少在八音鼓乐的引领下围灯而转。

　　画面中这个老人由于年龄大的缘故吧，耳背得很。从仪式开始至人流散去，他都是一动不动地站在一张桌子前面，微笑着望着那一盏盏希望的灯火。一个姿势，一种表情，由始至终。也许这就是灯盏盏这个传统仪式的最好诠释吧。亲手用黍子面为自己捏制一个灯盏盏，将心中的美好愿望寄予明灯，期盼一年通顺、安康。

我沉浸在这欢乐的海洋，脸上也洋溢出久违的笑意。老人看出了我的喜欢，便给我絮叨着一些"灯盏盏"的趣事。

趣事之一：制灯的数量。灯盏盏，天地各一，家人各一，家畜各一。这是淳朴的视人畜生命平等的心态体现，让希望的光照耀每一个生命。

趣事之二：孩子们可以在这天"偷"灯盏，也就是可以将别人家的灯盏趁主家不注意的时候拿回家。每年的这一天，大人把一切都准备好后，点灯盏和"偷"灯盏就是孩子们的事了。先是点灯盏，将一篦子的灯盏一个个点燃后，微风吹来，那摇摇曳曳的灯光闪闪烁烁，孩子们小心翼翼地将灯盏各就各位一一放好，就等着仪式结束时将灯盏收回。他们窥视着别人家的灯盏，同时也分出心思照看着自家的。其实，各家都欢喜着孩子们之间的"偷来偷去"，因为只有好看的灯盏才会让别人惦记，有人"偷"也说明了自家灯盏的受欢迎度。孩子们把"偷"来的灯盏拿到灶火里烤一下，那干硬的灯盏便暄乎乎、鼓胀胀、软溜溜了。急急捧在手里、吃在嘴里，那份香甜，那份快乐，那份满足，都随笑意写在脸上。按我的理解，这样的趣味大致应该是把福气带回家的满足吧。

趣事之三：家家户户都捏了一大篦子灯盏。要想知道谁家的媳妇手巧，你看灯盏就能知晓。无论是篦子上的灯盏还是到处点燃的灯盏，在农家小院，都是一处不错的风景。所以村里的媳妇们都会在此时暗暗较劲，希望自己捏的灯盏让人夸奖。

　　已经是深夜，山村的风冷冷地吹过，但一盏盏灯火映红了赏灯人的脸，红红地笑开了幸福的期盼，温暖了每一个人的内心。灯盏也摇曳着山村的夜晚，照亮了山村的希望。

　　故事的结尾，我们把结束语写在祝福里，祝福这些淳朴的黄河人可以如那精美的灯盏，生活得精致舒心，如那跳动的火焰，过得红红火火，幸福安康。

　　站在离去的高处，我回望渐渐安静的村庄。再次双手合十，正如这里的人们平等对待家中所有的生命那般博爱，祝福天地和谐，草木繁盛，河流、土地健康，我们得心所愿。

牛王会

一头神牛，上万个信众，黄土地上便有了连续3天的祭拜与狂欢。牛王会是这里的人们劳作后得以宣泄的道场，是他们沟通自然、认知自我的舞会。有了这样的仪式感，他们才是幸福的，灵魂永远不空落。

问俗

牛王会，还是黄河边的故事。他的发生地在黄河两岸迁徙，内容与形式有所发扬也有所消失。我们今天要聊的故事发生在黄河的右岸——榆林横山区。其间，牛王会集中了故事发生地附近的近万人参与，是真正意义上的黄土地狂欢节。和大河两岸发生的所有故事一样，牛王会同样是一场民间信仰背景的祭祀、祈福活动。不同的是他的规模、传承以及道场。

牛王会最初源自佛教的水陆法会，供奉的是"西天古佛"和"牛王菩萨"。后来慢慢演变，与民间信仰融合，最终形成了这样一种既有祭奠已经逝去的亡灵，又有为活着的人祈福的较为全面的活动。这是以牛为崇拜的一种祭祀行为。整个活动规模宏大，仅正式活动就有整整三天。活动内容涉及礼仪、建筑、手工艺、雕塑、绘画、秧歌、文学等多种文化形式。这是汉族传统农耕文化与北方游牧文化相融合后，形成的一种在特定区域、富有特色的汉族民俗文化形式。

牛王会于每年农历正月十三、十四、十五三天举办。轮值到的主办村从正月初八就开始忌口，不食荤腥，制作贡品，如平安吊、纸扎佛塔，搭建临时佛堂，布置九曲场、幡场等。活动这三天内有和尚念经诵忏，还有升塔撒塔、迎赦放赦、迎幡推幡、上贡转幡、九曲正入反转等活动，每一道程序都有当地特色鲜明的秧歌、鼓乐、腰鼓等歌舞形式伴随。

牛王会活动有固定与流动两处道场：固定道场是牛王菩萨常住的马坊华严寺；流动道场则在党岔、响水、南塔、白界四个乡镇四十一个村庄，每年换一个村庄搭建临时佛堂。

流程基本是活动第一天由主办村用楼轿（西天古佛与牛王菩萨出行的代步工具，也是人神互动、沟通的媒介）恭请牛王，迎接的队伍有几百人之众，其中有民乐队、腰鼓队、仪仗队等，浩浩荡荡步行几公里甚至几十公里。然后回到主办村的临时佛堂，迎恭、诵经。

第二天，再次迎高贡、迎幡、转九曲、放赦。

第三天，迎接赦单、跑马放赦、迎水贡、献宝、转九曲、推幡。

正月十六，纸塔、牌位、赦单等牛王会所用的纸扎用品全部烧掉。然后在总会的主持下，本届主办会将三官爷像、神牌位、水陆画等交给下届主办会的社家，由他在来年供奉一年。佛像、牛王菩萨像及楼轿、銮驾都回府马坊华严寺。

依照惯例，我们依旧是提前一天寻到了今年的轮值村庄。沿途是绵延的黄土高原，荡起昏黄的尘幕让车内也弥漫着浓浓的土腥味，一路坎坷、颠颠簸簸，总算到达了目的地。

　　村庄已然是一派盛装，彩旗飘飘。我们找到了村内空地上忙碌指挥的老会长，简单说明来意。会长几乎都没有时间与我们寒暄，随手抓来一个女孩让她做我们的导游。女孩很善谈，几句话以后便没有了刚才的羞涩，领着我们边走动边介绍着大会的几个主要场所。小姑娘的名字叫"二梅"，我想女孩一定有兄妹，有了大的开始，才能有二、三的呼应。

　　临时佛堂在村庄对面的塬上，很远便能看到。对面走来一些老乡，一句"来了"，
仿佛是久违的朋友一样，刹那间我们就没有了距离。他们有时会忽然从口袋里掏出一些
枣子或瓜子，不管你愿不愿意就塞进你的手里。走在这样的环境，我们似乎也习惯了这
些热情，在城市的那些人与人之间的戒备也忽然离去，只是自然地吃起了这些（陌生人的）
食物。在这里，我们没有了所谓的安全距离。

　　二梅走得很快，我们几乎跟不上她的脚步。她也走得很轻松，不像我们气喘如牛。她的马尾辫扎得很高，总是在我们前面摇来晃去，看拉开的距离大了，就站在高台上候着我们，不时吃吃地笑着，应该是我们费力的神情惹她忍俊不禁。

　　终于到达佛堂，一些人正在忙碌布置。佛堂型制较大，白色帆布包遮，蓝色粗布扎角做成云纹图案，颇有蒙古包的风格。佛堂内张挂着 30 余幅水陆画，占满了内壁，内容涉及佛、道、儒及汉族民间信仰内容。

　　我拉住了一位忙碌的汉子，接过了他递上的香烟，连忙摸出火给他点燃。他应该是见过类似我们这样的好奇者，无须更多的询问，便打开了话匣子："你们辛苦了哇，我们现在布置的叫佛堂，是牛王的主要道场。右边那个塬上，"边说着边抬起手指过去，"你看见了哇，那个是韦陀神的道场，再远一些的那个最高的塬是立大幡的地方，村子后面的那个塬上是黄河九曲阵，中间有个小圪台，是面燃启醮大士神棚，这几个地方都有人在弄嘞，你去看看哇。"我边点头倾听，边顺着他的手指方向寻找，除了黄河九曲阵看不到，其他的倒是都在视野之内。想起刚才走来佛堂的路程，我知道这几天是有的走了，也明白了什么叫"望山跑死牛"。裹着羊肚肚手巾的汉子拽下毛巾擦了一把汗说道："你们让二梅领着看哇，我还得忙哩，牛爷爷的道场耽误不得。"

　　告别了汉子，二梅便领着我们继续走着，我问二梅："那个看不见的黄河九曲阵远吗？"二梅说道："不远，一会儿就去嘞，也就是这三倍的脚程。"我听着不禁一阵腿软，便说道："二梅，谢谢你了，你看咱们站到这都看到了，我们也知道路线了，要不咱们回村哇。""那行吧"，二梅看了看我们说道。下山的路轻松了许多，二梅把我们领到会长那，不等我们道谢，便和孩子们欢呼而去。

　　会长正在指挥着几个纠首安排着搭建戏台、商讨会窑安火埋灶等事宜，见我们回来便匆匆散去纠首，问道："你们这么快就看完了？"我们不好意思地笑笑。会长又问道："你们是住在村上还是住县上呀？"我们急忙说道："能行了还是想住村上了，方便。""哦，那就住二梅家吧。二梅，二梅……"二梅很快便蹦跳着过来。"二梅，领这两个客人去你家哇。和你大说，我安排的。"我急忙说："不急嘛，我还想和你倒歇会儿了。"会长可能是看到了我们的满头大汗，说道："先去歇会儿哇，我这也忙着了嘛，一会儿我去找你们。"

　　告别了会长，我们又跟在二梅身后向坡上走去，路上依旧碰到许多乡人。他们都是厚道的面孔，一声又一声朴实的问候在擦肩而过时，在老远处此起彼伏地递来。在城市浸染久了的心，见到这些亲切的面孔是无从描述的。只是一句很随意的问候，便让自己眼圈湿润。老乡的热情指数总是远远地超越你的想象，当你已适应了上次留存的热情，但这次的相遇还是让你有新的惊奇。

　　二梅的父母都不在，只有奶奶在屋内靠窗户晒着太阳，见我们进屋，便急急说道："快，上炕，地下冷嘞。"瞬间我便有些哽咽，这是久违的儿时回到家里妈妈的关爱，在这里我竟不期而遇。我那不再年轻的心怎么也难以平静。即便是大河边走了很久，我还是被这样的问候一次又一次感动。其实我很感谢这些无由的热情，进村的那刻便如回到家的感觉，随便走进哪一家，渴了便喝水，饿了便吃饭。此刻也没有丝毫的客气，感动之余便把自己放平在窑洞的炕上，丝毫没有顾忌旁边的人，把自己的设备随便一放就酣然入梦。

问俗

夜在我的梦中很快降临，一阵做饭的杂响和饭菜的香味唤我醒来。会长正和二梅父亲坐在炕边抽着烟，见我醒来便也递上一支。灶台前，一位妇女忙碌着，一定是二梅的娘。我点上烟，和他们聊起来："会长，你给说说这牛王会哇？"二梅大插话道："不急么，一会咱们边吃边说哇。"说话间，二梅娘已经弄好了饭菜，一盘土豆丝，一盘豆腐，一碟咸菜。"娃，我们牛王会忌荤菜，你们就委屈下，你们是河东来的吧。""嗯，我们是山西的。""嗯，看着你们就像嘞，我们这牛王会和你们山西还有关系呢。相传牛王会起源于宋真宗年间，传到今天已经有上千年啦。元宵佳节是牛

王菩萨的圣诞日，牛王菩萨是咱求儿祈女、保平安的保护神，他所到之处风调雨顺、求子必应、国泰民安、年丰人安。乾隆年间，牛王会转址到陕西，后来还是经两省协商由县官裁判，咱们河东河西各留半坛，连銮驾、九曲十八阵等都是各家一半。陕西这一半回到咱马坊村华严寺。'文革'时候，牛王会又被停止。在 1985 年才又恢复。山西那里就慢慢消失了。"

　　会长喝了一口稀饭，嚼了几口馍，说道："让二梅他大说吧，我得赶快吃口饭，再去转转，明天的事马虎不得。"二梅大不好意思地挠挠头："其实也没啥说的，明天就都看见了哇。"会长放下碗，顺手拿了一个馍站起来，说道："那就给说说咱们的理由嘛，这个他们看不到，我先走了，你们说完就睡哇，明早要早早去马坊接牛王爷。"话音还没落，他便急急走进夜色。

　　"那我就说说？说不好将就听哇。"二梅大继续说道："据老人们传说，牛王会起源于当地一次牛瘟。很早以前屈蠕村一家财主供养了老佛爷和牛王菩萨，他们家每天上香祈祷，止住了牛瘟。从此开始在当地就开始举办牛王会，最后发展到在无定河两岸八个大会四十一个村轮流铺坛。"

　　他起身放了碗筷，又点了一支烟说道："咱们马坊华严寺简介里面还说，藏族人也有牛王会嘞，他们叫调牛节，也是对牛的崇拜，把牛当神。他们也和牛很亲，和牛有很深的情感，比咱们还浓烈呢。严华寺的

当家的比我说得好，人家说：'在四川冕宁拉乌堡王姓藏族中，过去每隔十年或数十年要举行一次大规模的宗教活动，当地人也称为"牛王会"。牛王会期间，凡王姓的"纳木依"人，无论是分布在冕宁县的，还是居住在木里、盐源等其他各地的都要赶到拉乌堡参加。'他们的牛王会从农历八月十五日开始，一般延续十多天，有时甚至历时一个月之久，人常数千人以上。比咱们的牛王会也不次，可惜俺没去过，你去过西藏没，见过他们的牛王会没。"我诧异地听着，听到他问，便急忙说："西藏我去过，但你说的牛王会我也没见过。"他停了停，有些失望，但很快便释怀地笑着："不早了，睡吧，明天一早俺喊你接牛王。"

　　我躺在热热的炕上，回忆着会长、二梅大说的故事，想着白天看到的所有的场景，期待着明天开始的狂欢。那一定是土地感恩人们、人们感恩土地的一场沟通与交流，是人们心灵深处的共鸣。乡民们在生于斯养于斯的土地上生存，有欢欣，有沮丧，生活百味，这就是黄河边上人们的生活。

　　回到乡村，炊烟总是唤起我的思念。在渐行渐远的日子里，我一次次离去，又一次次回来。渐渐走近这梦中无数次的相恋，飘忽的不再是孤独和彷徨，沉淀于风中的是对这片土地的爱恋。

　　清晨在嘈杂的人声中醒来，窑洞的窗格上隐约印出天际的晨光。人们已经在盛装列队，准备去十几里外的华严寺恭迎老佛爷和牛王菩萨。随着太阳的冉冉升起，一行人经过了隆重的仪式，终于踏上了返程，我们也迎来了第一轮的拍摄高潮。

　　队伍经过沿村各种秧歌队的补充，已然声势浩大。走在前面的是两副楼轿以及《梁皇宝忏经》，随后全副銮驾、彩旗相伴，三班秧歌、腰鼓队跟随。很多乡人路边跪迎并烧香、烧纸、放鞭炮。人们向楼轿磕头，楼轿也向群众回礼。抬轿人加速向前，冲向跪着的人群，直到近前才又快速撤回，如此反复，喧闹着回去的路程。这样的互动沿途一直延续，我走在提前返回的路上，总是可以看到焦虑的人们在急切地期盼着牛王的到来。我从他们焦灼的眼神中看到了发自内心的期盼，那是一颗虔诚的心毫无掩饰的流露。

问俗

人马进村，迎接楼轿的是更加热闹的锣鼓炮仗与虔诚严肃的跪拜。迎接安放牛王至佛堂，随后便是场面宏大的迎贡仪式。早已用谷物、干果做好的五彩鲜艳的精美贡品，48 个红色木盘被一干汉子顶在头上。表情严肃、步伐整齐的 48 位汉子如流动的旋律在黄土背景中缓缓前行。这是一种静默庄严的仪式，表达着这里的人们心中不息的远古崇拜。人流来到佛堂前，缓缓跪成两排长长的队伍，一盘盘精美贡品依次由头顶传递至供桌，面花、枣山枣树、冰糖核桃、油炸渣渣等整齐摆放在老佛爷与牛王面前。牛王会的活动伴随着佛经高诵，彰显出神秘的力量，加持着所有生活在这片土地的人们。

整个仪式中，眼前的这些面孔很是真切，也常常浮现于我的记忆。他们生活的并不富裕，但此刻却很充实，也真的很幸福。扪心自问，这些不也正是我所追求的吗？那些灯红酒绿的浮光，我总是无奈地去融入，也总是找一些各种各样的理由让自己放纵。但曲罢歌散后心中的空寂却那样无所安放，然后一点点在茫茫夜色中飘零。

　　我走出了佛堂，右边的枣树上有高高的喇叭悬挂，佛经的声音从那里传至很远。树下有一些乡人在休息，他们揣着袖筒，脸上洋溢出满足的笑意。一些孩子穿梭其中嬉戏打闹着，但有些时候会忽然停下来仰视喇叭，倾听着可能无法理解的声音。乡村在延续，面孔在更新。孩子们那些稚嫩的面孔依旧传承着黄土高原的厚道。

望着这些面孔，我希望他们的物质生活有所改善，但更希望不要被物质的改善迷失幸福的方向。因为这样的黄土孕育出的心灵是最真实、最可爱的。厚土不改，面孔不变。

随着佛堂中诵经的停止，佛堂前面空地上紧跟着响起了高亢的信天游。他们是跪着高歌，是献给牛王的心声。我被他们高举着的纸扎吸引，那上面一个大大的丰字很是醒目。这正是牛王会的另一个核心作用的具体写照——人们在期盼着五谷丰登。接下来的是喧天的腰鼓。打腰鼓的汉子整齐装束、白衣红腰带，身姿矫健的摇摆之间，腰鼓便被敲得山响。他们仿佛有用不完的力气，在摇摆、腾跃中宣泄着黄河汉子的情绪。

一阵腰鼓，一阵高歌。虽然方言不同，但奇怪的是我总多少能听懂一些，了知大概的意思，仿佛如乡音般亲切。尤其是信天游悠长的拖腔，听着便不由自主地跟着哼唱起来。也许是骨子里的乡村情结在作怪吧，这些长调仿佛要比现代化的音响更能激发内心的共鸣。

心灵的故乡应该就是这里了吧！黄尘卷起的辛酸里有我浑浊的泪。我也许是个一直寻找心灵慰藉的人，永远在路上，找寻不到身体的寓所和心灵的归宿。更多的时候，无法听到来自远方的召唤，隔着春花秋月的迷离，我不再属于自己。看着眼前他们那幸福的欢跃，不得不羡慕着这里的人们。

下午的时光，我爬向山的高处，那是大塔耸立的地方。大塔是纸粘佛塔，十几米高的彩色纸塔在风中飘荡，它是镇寺、镇坛之宝。塔内供奉着佛家三佛的神位。它由麻纸、竹圈、塔杆、染料等组合而成，361张纸围粘，悬挂在三丈六尺一的高杆，形状似塔，有十三层。塔址选择在地势优越的高山，刚好俯视流动的人群欢快地在黄土中跑马放赦、迎佛、上水贡。

牛王会

Live
by
the River

　　这种场面让人想起黄河水在弯曲的河道里顺畅地流淌，时缓时急，富有节奏。二梅不知何时也站到了我的跟前，她亦如我一般痴痴地望着山下的狂欢，我很想去问问她的感受，但还是放弃了。她的马尾辫在风中扬起，刚好做我的前景，勾画出一种淡淡的乡愁。

　　民间信仰是最为古老、最有活力和最为普及的黄河宗教。它与正经宗教虽有呼应，却更为植根在下层民众生活中。牛王会的形成，与牛在横山人民经济活动中占有位置之重要有关。牛王会最大的价值，就是它在重大灾难后，服务人们心灵重建和基层社会重构，鼓舞人们挺过难关，迎接未来的平安与美好生活。牛王会彰显了人的抗争精神和对生命的敬畏。

　　夜幕来临的时候，人们开始点燃手中的灯火，流动着向村后的高处涌去。二梅招呼着我前行，告知那是要去九曲阵。我见过很多的黄河九曲阵，但是牛王会的九曲阵还是令我心生喜悦。那是一种高高在上的灯火，是要与最高处的大塔幡场互为相应的。流动的灯火在月朗星稀的山路格外耀眼，盛装的人们喧闹着奔走，灯火映红的脸上洋溢着自信与满足的笑意。我忽然有些恍惚，镜头中这些乡人仿佛便是天上诸神，他们用淳朴的心与率真的行动期盼着自己来年的幸福与安康。很快，人流便涌入了九曲幡场。鼓乐伴奏中，人们步履轻松，踏着仿佛是远古的祭舞。那些灯火辉映于天空，便如天上的街市。

　　山村的夜随着锣鼓的停止而回归安静，梦中的我回闪着各种仪式的交替。一种形式的千年流传，必然是因为这里有着适宜的环境与需求。牛王会经历了战乱与不得以地外力干涉，依然深深地根植于这片热土，并且随着每个时代的来临，赋予它新的内涵。

　　经济浪潮的席卷，这里也有大量年轻人外出打工，他们更多地走向了邻近的神府东胜煤田，从事着危险行业。而牛王菩萨信仰则起到了一种心理暗示、慰藉的作用，更显出比以前农耕、游牧时代重要的价值。这种信仰的存在给了远在他乡的游子所需要的精神依托，帮助他们应对着所有的不悦与苦难，应对着他乡屋檐下的艰辛。牛王的存在安慰着擎满思念的泪水、秘密的心语。这种信仰穿越千年，让他们不再担心找不到心之安处。

　　他们无论身在何方，心中永远活在一个故乡，一个村庄。那应该是精神上最后一片净土，也是无法磨去的印记。乡愁在每一个离乡人的细胞里、脉管里流淌，寄语哀愁和怀念。风中走远的记忆像绕指柔一般缠绕游子的灵魂。

　　清晨的山村没有像昨日那样喧哗，挂在高处的喇叭正传出老会长安排今天的活动事宜。三五乡人聚在喇叭下，仰头听着。喇叭挂在高处，喇叭下面小聚议事，这样的场景存在于黄河岸边很多的村庄，好像这里，天然就是聚集人气的场所。上面的喇叭仿佛是人们闲谈的催化剂一般，在喇叭的下面总是有着最新鲜的乡村新闻诞生。今天的喇叭里安排着迎贡、诵经、迎幡、推幡等事项，人们第一时间接到指令，很快便自行忙碌起来。

　　迎幡、推幡是今天的重头戏，也是整个牛王会的高潮与结束。幡场设立在一处安静的沟谷，离村里约有 3 里地。幡场栽有 24 根高杆，其中 21 根红色木杆插成五行图案，走五行八卦图的路线，最中间一根特别高，杆子头上绑着一把长柄扫帚。幡场设有香案，置放佛祖铜像，佛像前的鎏金铜鼎香烟袅袅。

　　转幡是在道长的带领下进行。人们步伐庄重稳健，却又类似舞蹈。道长手拿法器敲打，口中诵经、疏文十道（十地菩萨令）。笙管唢呐齐奏，在音乐声中，人们跟在后面簇拥着转着每根幡杆，一步一步、一圈一圈、反反复复，以坦然的诚心祈愿菩萨保佑五谷丰登、合社平安。

　　随着仪式的高潮来临，忽然有风至，吹动大幡及人们的衣角。他们狂热地旋转，形成一个古老的图腾。我知道，有了这样的脚步，他们的内心便会多了踏实和慰藉。

　　生命的匆忙，让山村岁月简朴而实惠，贫乏而久长。普通的劳作和歇晌，就是一生的轮回。牛王会便是他们生命中绚丽的篇章，是一颗颗劳作的心得以宣泄的道场，是他们沟通自然、认知自我的契机。有了这样的喧哗，他们才是幸福的，灵魂永远不空落。乡村的岁月在一曲古埙里吹奏成简单质朴的乡音。那最动人的旋律，带着虔诚的心魂牵梦绕。

跑鼓车

清明时节，尉村的
街巷有一辆又一辆鼓车
飞驰而过，他们几十人
拉一辆鼓车，在战鼓的
轰鸣声中争前恐后，奋
勇向前。这就是尉村相
传已久的"跑鼓车"祈
福活动。他们欢笑着、
追逐着，战鼓如春雷，
擂响了黄河人不屈向上
的号角。

　　跑鼓车，是流传于山西晋南黄河边的一种古老且具有体育竞技精神的一种民俗活动。我们从其叫法上便可了解一二。

　　"跑"很形象地说明了其动感十足，整个活动需要在跑动中进行。"鼓车"简单而言，便是装置了大鼓的车。

　　究竟是怎样的形式我们只能去到现场了解。

　　跑鼓车基本是在清明节来举办，我们依旧提前一天出发寻找一个叫作尉村的地方。但天公不作美，也恰巧应验了"清明时节雨纷纷"，一路小雨缠绵，我们赶到时看到了因雨延迟举办的通知。返回到侯马落脚，同好的本地摄友老唐早已摆好了迎客的酒宴。酒永远是拉近距离、帮助神聊的催化剂，酒过三巡，老唐开始给我们讲起有关跑鼓车的来历。

其历史由来要追溯到春秋战国时期，大小诸侯纷纷争雄称霸，公元前632年4月，以晋文公重耳为首的晋国军队在城濮之战中大败楚军，取得霸位，此后延绵称霸150余年。当年大胜归来的晋文公在故绛之地举行盛大的庆祝仪式，其中便有类似今天阅兵式的表演，战车隆隆，钟鼓齐鸣，这应该便是鼓车的前身。

隋朝末年，诸侯混战，唐王李世民屯兵河东一带，大败刘武周。李世民有感于战争中战鼓的催战、督战作用，命名锣鼓为威风锣鼓。为欢庆胜利，他亲自创作了《秦王破阵乐》。现在依旧流传在汾城、新绛一带的钟鼓乐《秦王点兵》就是据此改编而成。唐太宗李世民的爱将尉迟恭死后，后人为了纪念他并祈祝一年风调雨顺，便在每年清明节过后举行盛大的祭祀活动，其中最精彩的就是跑鼓车活动。

听到如此神奇的介绍，我们更是迫不及待地想一睹这场盛大的活动。隔日雨停，揣着忐忑之心再次走进尉村。村里已然是一派热闹的气氛，锣鼓声从村子的四处此起彼伏地传来，宽仅5米左右的街道上已是人头攒动。大多数的人穿着鲜艳的战服，匆匆走过。

洞洛

　　我们沿着街道寻觅，不过百米便见到了鼓车的真容。鼓车是老式的木制车，包括车轮亦是木质，可见传承久远。鼓车不大，长约四米，宽一米有余。鼓车的旁边是硕大的战鼓，直径近两米，上面绘制了精美的八卦图、二龙戏珠图、神兽角端图、秦琼打虎图、和合二仙图等。

　　不时有顽劣孩童爬上大鼓跳跃，瞬间便有"咚咚"的沉闷鼓声传出。大人们笑着抱下嬉戏的顽童，佯装严肃地责骂着："这谁家娃？嫑（biāo）把鼓捣破了！"

　　我看到鼓上有书写西北院的字样，便好奇地问着旁边指挥安装鼓车的老者。他看了我一眼说道："娃是头回来看吧，我们尉村有后头院、西北院、东头院、南（前）头院、庙巷五院，都是祖上传下来的叫法，各院都有自己的鼓车：后头院的八卦鼓、西北院的二龙戏珠鼓和写着"西北院"三个字的鼓、东头院的角端鼓、南头院的秦琼打虎鼓、庙巷的和合二仙鼓。这五个院，明清就已有分制，分属村内五大"势力"。虽说按旧时传统划分是五院五鼓，但是从道光年间西北院的二龙戏珠鼓失传，西北院就以"西北院"三字命名了自己的鼓，近些年，西北院又还原了历史上"二龙戏珠"鼓车，原有的"西北院"鼓也没有扔下，所以就有现如今的五院六鼓，一会我们还要比赛了"，边说边吆喝着人们开始抬鼓上车。鼓很是沉重，约有 500 公斤的样子，一众后生齐声呐喊，一起使劲儿、终于将鼓立在车上。众人又是一阵忙碌，用绳子固定结实。

　　老者一再检查叮嘱："这可要弄好了，不然跑起来颠得很，弄不好要出事情了。"大鼓安顿好，接下来是鼓车的辕驾安置，古时跑鼓车是用马来拉的，相传有四十多匹战马拉车，前方有壮汉挥动长鞭驱散人群，打开跑道，战马嘶鸣，奋力向前，掀起漫天尘烟，彰显出剽悍的民风。今天由于马匹的稀少及娱乐性问题，改由人拉动鼓车飞奔。拉车必然要有牵引及辕驾。两条粗约 5 厘米的长长麻绳由辕驾处拉出，延长十几米后接扣。整个鼓车不足一小时便在人们的玩笑声中安置妥当。

　　我们继续沿路寻找，果然在村子的不同方向找到了其余的五架鼓车，几乎也都安置完毕。各个院的鼓车前站满了挑选出的精悍队员，穿着鲜亮色彩的战服，个个摩拳擦掌，等待着号角的吹响。

　　跑鼓车自从 2700 年前雏形出现，至唐代尉迟恭后由军用转为民用祭祀，尉村作为良好的传承地，与时俱进的改变中保留了古老的精髓。我们向乡人打听着接下来的赛事，一老者快语说道：

传说，早先的跑鼓车是四车比赛，用的淘汰制，输家下去，赢家接着比，直到决赛。人们都会认真地比赛，可下力了，都想赢下比赛，为自己的院争光。震天的鼓声响起，人们就呐喊着向前猛冲，那气势，厉害着呢！

比赛的时候，四邻八乡的乡人们都来俺们尉村，村里大小街道条条曝满，人们疯狂地喊着为自己看中的一院加油助威。整个村里，那是一片沸腾。现在跑鼓车，都改良啦，村内明确了环路绕行赛道，各院的鼓

车在环线上等距出发，逆时针跑动。号角响起，各院鼓车在二十余人的齐心拉动下风一样地追赶于狭窄的街上，后来的鼓车追上前一辆鼓车，前者便被淘汰，后者继续向前，直到整个环线剩下一辆鼓车，便是胜出者。这一队就披红戴绿，村里绕行炫耀一番。

听着老者有些自豪及兴奋的介绍，我们也大致在脑海中勾画出将要出现的画面，各自寻找有利地形，准备着记录这激动人心的瞬间。

　　十点刚过，突然就听到了号角声与战鼓齐鸣，随即响起的还有战车碾压过路面的轰隆声。眨眼间已有一辆鼓车风速掠过，几乎还没看清楚拉车人的神态那车就消失在转弯处。车子后面两位击鼓、敲锣者奋力击打的姿势倒是显眼。

　　鼓声大都为《秦王点兵》这样的打击乐曲，每每鼓车通过，催人奋进、昂扬士气的鼓乐与拉车人的呐喊声、乡人的助威声混为一体，惊天动地。刹那间，整个村庄开始沸腾，声浪这方降下，那方又起，紧张的空气中不时传出的哄笑声让人们紧张的神经得到短暂松弛。物理学中的重力加速度原理，在鼓车飞速运动中得到完美展示，那迸发出的力量，这也正好彰显出参与者奋勇向前、不胜不归的勇气。鼓车追逐中，驾辕的三人显示出了超出常人的能力，脚不沾地的奔跑中要妥善控制车辆，避免放手失控的事故发生。尤其是北头庙所在的东西巷和北南街，地势由东往西和由北往南都是下坡路，所以鼓车在这两个路段跑得最为刺激。特别是拐北头庙这个弯时，右边抱辕的人必须克服强大的离心力，才能避免撞到墙或闯入人群。从他们紧张的神情、紧绷的肌肉中可以看出鼓车驾驶的极高难度与他们娴熟的技艺。

　　每辆鼓车由 25 人合力驰骋，其中，一位鼓手、一位敲锣者、三位驾辕者是固定必备人员，其他牵引拉车者则根据每年参加人数的多少而定。据说，鼎盛时期每辆车有上百人一起拉动。

　　经过一个多小时的你追我赶，大赛终于有了结果，胜出的汉子们仿佛忘记了疲惫，兴奋地接过所有的祝贺，沿着环线继续跑动。而那些被淘汰的鼓车边，窃窃私语的是经验的总结与对胜利者的赞颂。

中午，我们寻到了那位善谈的老者。尉老热情地邀请我们到他家吃饭。跑鼓车是尉村的大事，好客的尉村人早早就备下了吃食，热情招待四方来客。没有过多的客气，我们围坐饮酒，几杯下肚，尉老便主动说起了跑鼓车的故事："鼓车的传说可多了，我给你们说说。据说，在道光年间的一年农历三月十六庙会期间，村里的两个'院'跑鼓车跑红了眼，西北院的车'飞'出南门，紧随其后的东南院鼓车也随即驰出。就这样，双方饿了吃，累了歇，歇完继续跑。一不小心就跑到了河南洛阳白马寺，至今寺里还保留着尉村当年的鼓车。"

尉老端杯一一与大家碰杯后，吃过一口菜，继续骄傲地说道："又说明清时代，尉村的鼓乐文化辐射四面八方，除了同村竞技，也和邻村相互比赛。先是南、北膏腴，三公村，再往南参与的就有大赵、小赵、北赵一带，也就有了'膏腴如盘，尉村像篮'的说法，说的是膏腴村子跑鼓车的路线是在外头，就像盘子的外沿，而尉村跑鼓车的路线是在里头，就像个篮子里。"

可能是上了年纪，也可能是酒精的作用，尉老的语气开始缓慢下了，有些困意。我们急忙站起告辞，尉老却说："不急，我再给你们说说下午的事，我老了，一会儿得睡会儿，你们去看吧，下午更有意思呢。"

　　我急忙问道："下午还比赛了？""不是比赛了，是大家都能跑的鼓车，你们去看看，有意思了。娃娃、大姑娘、小媳妇、老汉汉、老婆婆都参加了，跑鼓车就是我们尉村的精神象征，下到十二三岁，上至七十多岁的人都会拉鼓车，每家人都以自己的孩子能参加跑鼓车为荣，要是在当天发现自己的孩子、丈夫没有去拉鼓车，那回到家肯定免不了一顿'收拾'。这是我们晋南的特色，有高兴的事大家都参与，你们去看吧，我睡了哈。"

　　告别了尉老，街道上已然又是人声鼎沸。我们依旧各自寻找有
利地形准备拍摄，下午的跑鼓车依旧如上午一样，六车同时跑动，
但不同的是拉车的人如尉老所言，每队都各有不同，有少年队，有
姑娘队，有婆姨队等，少了比赛的紧张，多了娱乐性。而且在跑完
一条街时就会在较开阔处有人替换，替换的人早早做好了站位准备，
待鼓车一到便迅捷交替，如现在的接力赛，这样既保持了鼓车的速度，
又可以让更多的行人参与其中。

　　鼓声在渐渐西落的余晖中停息，村庄恢复安静的模样。乡人们渐渐散去，一年一度的跑鼓车落下了帷幕。一场民俗活动得以流传，必然无外乎两个原因。一，活动本身具有超强的生命力，根植于当地乡民的心中，它的存在已经成为人们代代相传的生命本身。二，脚下的土壤具有传承的氛围。晋南是黄河流域人类早期活动频繁之地，也留下了丰富的传统文化发展的基因，这里的人们通过这样的一种方式增加了凝聚力，强健了体魄，缅怀了祖先，祈求了未来。

　　鼓车的战鼓余音不绝，这里的人们必然幸福安康。

定仙焉花会

三月三的定仙焉，
数以万计的人们跟随着一
束又一束几米高的花树走
来，他们行走在厚厚的黄
土中，虔诚而坚定。他们
以花为载体，献上一颗相
信神灵的心，寄托于生活
的仪式感，慰藉我们无处
安放的灵魂。

　　过几天就要立夏，天气果然变得炎热。公路两边都是忙碌的人们，这个季节是农忙的时候，人们总是披星戴月，丝毫不敢耽误了侍弄庄稼。黄土腹地的沟坎中，少一粒收成都会影响一个家庭的生活。行走黄河的脚步随着时间的推移开始变得有些恍惚，过军渡入陕北，这样的行程已经记不清有多少次了。

　　顺着吴堡的东边我沿河南下，有一段沿黄公路曲折于黄土岇梁之中，这是去往绥德定仙焉的近路。再过几日的农历三月十七、十八、十九日，这里将会有一场上万人的民间祈福活动——定仙焉花会。

　　定仙焉镇位于陕西省绥德县东南部50公里处定仙岭道西部焉口，北接吴堡县，南连清涧县，东面濒临黄河，是绥德县最偏远的一个大镇，传说因八仙之一的张果老慕其仙境歇息而得名。

　　花会一年一次，会期三天，农历十八日为正日，以给神敬献纸花树为主要活动，故名花会。花树由6大社轮流做主，每年两个大社，3年轮一次。

　　花会是3天期，但轮值的主办村却要提前几天便开始忙碌准备。这样的活动根植于此地，且盛行几百年不衰，必然有其存在的意义。农人很巧妙地避开了耕种季节，但花会却正值农忙，64个村的人们情愿放下地里的庄稼而虔诚祭拜"娘娘"，的确有些费解。

　　一方水土一方人，浓郁的黄土、流淌的黄河是其中最重要的原因，贫瘠的自然资源也是造就这里泛神崇拜文化的原因之一。黄河流域的人们对神灵信仰的形成与选择，与独有的地理环境、生存条件、文化背景等元素密切相关。定仙焉这块苦焦的土地，自然资源的匮乏与连年的战乱，艰难生存的人们把所有的希望都寄托于神灵。这些也许就是花会得以代代相传的缘由。

　　我们还注意到一个细节，沿黄所有的祈福活动几乎都不局限于现在的行政区划内，反而是以地理单元为活动范围。这也告知我们这些活动的远古性，祈福的人们延续了旧制的习俗，并不狭隘地认为是哪一个行政区域的活动。定仙焉花会涉及清涧、绥德两县河底、定仙

焉、石盘、崔家湾、苏家崖、枣林坪 6 个乡镇 64 个村，64 个村又分为
6 大神社，即王家沟社、寨山社、安沟社、郝家沟社、前李家焉社、大
庄社。

　　车窗上忽然沾染了雨滴，思路也回到了路上。雨，在这个季节是难
得一见的。久旱的土地、焦灼的农人为了祈求一场雨所产生的故事在这
块土地上惊心动魄。历史上三年不雨，饿殍载道、哀鸿遍野的景象比比
皆是。一场雨对于黄土腹地的人们堪比救命。

　　前去的路已经开始打滑，车子如船一般摇来晃去。我小心翼翼地握
紧方向盘，尽可能镇定地前行。一个陡坡的出现让车子彻底瘫痪，发动

问答

机怒吼着却无法再前行一步。冒雨下车，填土垫草都无济于事，只好奔到前面去求援。在这样的路上徒步也是步履维艰，不一会儿鞋子就被黄泥包裹起来，重重的且打滑。好在不远处有几户农家，我简单说了情况，几个中年汉子即刻牵着驴跟我往出走。我好奇为何要牵驴，到了现场才明白这种情况只有驴在前面拉、人在后面推是唯一的救援良法。车子又可以开动了，看着被雨淋透的汉子们，我不知该如何道谢，忙递上了几盒烟，他们却只是抽了几支。

在村子小歇，换上了干爽衣物，一碗香喷喷的面已经端上了饭桌。"快趁热吃，去去身上的寒气。"我忽然变得有些哽咽，默默吃下了这浓浓的香味。

雨很快停了，离去的时候我偷偷拿了一些钱放在炕桌下，当我要开车离去时，他们却拉开车门放进来很多的鸡蛋、土豆等。我瞬间明白那些钱他们是看到了，只是用另一种更多的回赠留下了那些钱。这就是黄土汉子的情谊，没有客气、没有寒暄，用一腔真诚立足天地间。

　　前行不远，车子左拐进入公路，我们很快到了定仙焉镇。镇子依山
而建，规模宏大，错落有致地坐落在三条沟中。我们几番打听，终于找
到了花会的总会长。会长姓张，大约有 50 多岁，身材魁梧、国字脸、
浓眉大眼，典型的陕北汉子。看到会长，想起了那句民歌"米脂的婆姨，
绥德的汉"。这方水土虽然贫瘠，却养育了标致的人。这与多民族融合
的历史原因有关，也与这方土地丰富的五谷杂粮有关。

　　张会长很是健谈，大致介绍了花会的流程与今年的主办村，也简单讲述了花会的组织机构，便于我们这几天拍摄过程中的联系。

　　花会设总会长 1 名，副会长 3 名，纠首 64 名。小会设会长 1 名，一般不设副会长，只设纠首七八名。总会长一般在众纠首中公推产生，大都热心于花会，且在当地德高望重并具有一定的组织领导能力。

　　总会负责整个花会期间的组织协调、筹办香裱供品、侍应香客、准备香客便饭、筹集资金、安排赛花及文艺活动等。具体承办花会的两个大社（小会），除安排本村的神事活动外，还要准备神羊、制作花树、捏制供品、请神送神、游街赛花等。今年是李家焉社、大庄社主办。三月十八正日子所办村社李家焉社则是由上届花会结束时讨卦决定。

问俗

　　这个讨卦决定倒也算是顺天意的一个方法。讨卦前先准备纸条、卦棰、卦盘。卦棰有八个面，上写：上上大吉、有求必应、口怨不明、远游四海、还愿吉利、下下中平、保佑一方、开花结籽八个方面内容。讨卦时，主办下一年花会的两大社会长、纠首跪在正殿前焚香叩头，各出两名纠首进行讨卦。讨卦时先抓纸条，纸蛋蛋上写"1"和"2"，抓到"1"则优先扔卦棰。纠首两手并拢，手心向上放平，托着卦棰，让卦棰从手心自然滚落到卦盘，"上上大吉"面朝上者为正日子主办者。如果一直不出现，双方就反复落棰，直到"上上大吉"出现为止。几个陕北汉子一脸严肃，反复做着如儿童游戏一般的事，却又那样肃穆。

　　我们告别会长，前去寻找那些提前准备花树的人家。说起花树这一奇特的祈福载体，我们从正在做花树的老人那得知了其中缘由。老人说："我们祈福主要的神仙是云宵、琼宵、碧宵三位娘娘，三位神仙掌管生儿育女、护佑平安。娘娘喜花，所以献花求子，我们这个事也就叫了个花会。"老人说着，手里也没停下，整理着即将完工的五棵花树。五棵树各有不同，头树花9层，二树花8层，三树花7层，四树花6层，五树花5层。头树花高约5米，五树花也高于3米。花树上的花朵多为牡丹、莲花、向日葵，均取吉祥喜气、富贵连年之意。

　　一天的奔波后，我早早躺在窑洞的炕上。一夜无梦，竟然睡得出奇得好。早起的村庄炊烟弥漫，阳光下甚是祥和如画。今天是农历三月十五，人们早早起来开始搭建神棚。所谓神棚，是用于供奉娘娘、跪拜祈福的临时场所。这样的场所必然会模仿庙宇的形状，设有厦檐、脊兽、挑角、猫头滴水等，由木椽、彩布搭成两间房子大小，四周挂以彩色纸吊，贴有对联。

问俗

　　搭建神棚的人们在忙碌着，汉子们爬上爬下，婆姨们忙里忙外，吹鼓手的唢呐、鼓手的锣鼓、老汉们的秧歌，娃娃们的笑声让山村的清晨充满了欢乐的气氛。这样的场景让我想起了古时"箫鼓追随春社近，衣冠简朴古风存"的场景，载歌载舞宣告着生活的快乐。

　　接下来便是赑牲的环节，首先由做花艺人打扮神羊（神羊共5只，办会两大社各2只，定仙土焉何氏1只。神羊是前些日子由大会选定的，要求体格健壮、纯白色，羊角、羊脸都要好看。），用大木梳子把羊毛梳得顺顺的，给羊角上缠上红纸，挂牌清洗干净，缠上银纸，写上"供奉娘娘之神位"，挂于羊脖。然后由鼓乐前面引路，粗吹细打，牵上羊前往定仙焉娘娘庙。开始赑牲，大家依次把自己村的神羊拉到神棚正门前，给羊身上、耳朵内泼洒或灌酒水，如羊浑身抖动，就算神领了，如不抖动，就反复泼散、浇灌，直到大幅度地抖动为止。赑牲后的各社神羊或归原主，或卖，或宰杀分牲。定仙焉何氏的神羊是真献神，献于庙内供桌。

　　这样的形式无疑也是来自远古祭祀内容的改良。自古以来，无论东方还是西方，都有以活体献祭的做法。甚至有些地域最早是以人类本身来献祭，童男女、美少女等都曾经出现在这样的场合。其实，神仙究竟喜欢怎样的献祭品，我们却始终不得而知，这样的虔诚只存在于人们的幻想中。正如所有的祈福活动一样，更多的应该是心理安慰。其实，怎样的仪式、怎样的献祭并不重要，重要的是一颗相信神灵的心，有所寄托的心。生活的仪式感更多时候就是慰藉我们无处安放的灵魂。

　　终于来到了农历三月十七日，花会正式拉开序幕。会长带领所有的纠首开始虔诚地焚香、叩头，迎请各位娘娘回归神祇，享受善男信女的香火。接着办正日

子花会的村社焚香叩头，恭请娘娘回村。神台前，木刻娘娘坐的
雕花楼轿在鼓乐、鞭炮的齐鸣声中被抬到了殿外。虔诚的纠首们
给楼轿绑上两根轿杆，四个抬轿的汉子抬起楼轿，顿时鼓乐再起，
炮仗轰鸣，彩旗队、鼓乐、楼轿依次而行，一直抬回村里。所经
过的村庄都会有村人跪拜相迎相送，窑上窑下、路边、梁上都是
人头攒动，喜悦的、虔诚的、漠然的一张张脸印刻着人们对于花
会的认知。

问俗

　　乡村是行政级别最低的单位，也是最接地气的单元。一种文化体系的形成与维护，乡村起到了关键的作用。我们自古以来便有乡规民约，它们不是律法，但有着比律法更为有效的制约。人类毕竟是要生活在群体中，一旦被这个群体的约定抛弃便无法在其中生存。花会的传承正是以这样的力量在维持。也许有很多人在现今社会已经不再依赖遥不可及的神仙，但是一定要依赖生我养我的土地，依赖这块土地生活上活着的乡规民约。

　　队伍回到主办方村口，男子箍一挽花白羊肚毛巾，女子腰系枕巾或腰布，跪在路两边，楼轿一到，叩头行礼。楼轿到神棚前，卸掉轿杆，把楼轿安放于神棚正中间，接下来给娘娘上供、上小花树。

供品有八碗、食盒、献面、献卷，食盒内装有塑面与瓜子组合而成的彩色松苔、小鸟、麒麟等。从这些精美的贡品上我们也可以管窥到陕北婆姨的心灵手巧。陕北是高原，土地贫瘠，种植更多的是土豆、红薯、糜子、高粱，勤劳的陕北婆姨把种类不多的食材翻新花样，堆积起舌尖上的高原，养育了一代又一代陕北汉子。

夜色渐笼，山村的夜被花会的灯火照亮。人们开始按照自己的喜好进行着各自的活动。欲求儿女的信男善女要两口子相跟到娘娘庙正殿跪庙，要跪到鸡叫前后点头香的人们进了庙才可以起来。跪庙后，再与会长协商买儿女花的事，一般买2枝小花树上的花，要男孩的买红色花，要女孩的买粉的、黄的花，然后喜悦离开。身体不适则在药王殿前祈药。祈药者焚香、叩头，说明病情，抓药的人手拿方块黄纸在香炉上方绕三次抓三把，果然就有药入纸，一般祈三包，代表着三服药。得药者欢喜而去。好戏者围绕着戏台宣泄着白日的疲乏，竖直了耳朵，瞪大了双眼，随着剧情唏嘘哀叹；喜欢秧歌的则舞动着身躯加入广场的舞者中。秧歌多是由伞头领舞，一众人或跟随其后，或围绕左右，伞头现编现唱，有调侃，有褒贬，多是乡村新闻或花会趣闻。人们边舞边互动，插科打诨，笑声连连。

　　这就是花会的夜，娱神娱人的夜，这样的形式几乎是这块土地最高的娱乐形式，即使是在今天电子产品发达的时代，花会的夜依旧占据着不可取代的地位。人们各自装扮一新，各自施展才能，在无数双眼睛的注视下表现自我，这大概是我们人类用其他方式无法取代的舞台。

　　农历十八日天不亮，山村早早就人声鼎沸，人们吃过河捞臊子面、敬香礼神后，各执其事。扛花的精壮后生站在队伍的最前面，一树花需3个精壮后生扛抬，再配一个扛花树石底圆盘的人跟进。此时，娘娘楼轿也被请了出来，会长一声令下，放炮起花，浩浩荡荡的队伍开始流动在黄土高原之中。凡过往村庄，队伍均要停下来，让早已等候在村口的人们路祭。路祭时，全村男女老幼跪接，依旧是焚香、奠酒、叩头，然后全村人叩头谢恩。赛花队伍继续前行，队伍蜿蜒于黄土之中，花树在黄土映衬下鲜艳无比，远远望去，颇具威严，又很喜庆。赛花队伍几乎走了一个上午，终于来到娘娘庙门口。队伍稍做休整继续沿街绕村游行一圈。这时花会进入高潮，来自周边各地的四五万香客、商贾，拥往街头，站满了镇子的山坡及窑顶。唢呐不停地吹奏《将军令》《得胜回营》；鼓手敲起了《长流水》《凤凰三点头》；秧歌队摆出了花扇舞，打起了"霸王鞭"，扭起了"天地牌"；陕北道情、三弦书说唱起《小姑贤》《小放牛》；舞台上的晋剧也卖力高唱。等到赛花队伍返回，花树固定于供桌。伞头唱神歌开场："三月十八庙会红，五树鲜花绕街行……为让鲜花人人看，还为万人都太平。五树鲜花敬神灵……八百里仙岭绕三圈……神路香客数不清，抽签讨卦问命运……全家热闹满堂红，人留儿女草留根。"

　　神歌唱完，表演踢场子，男角手执鼓槌或扇子，女角包头，手拿扇子或印花手帕，有二人、三人、四人、八人场子，男子表演粗犷强劲，女子优雅大方，动作是那样欢快跳跃。

　　所有的狂欢结束，娘娘楼轿回归正殿内，办会村会长、纠首焚香叩头，出殿后把各类花树点燃，扔入焚花香炉内烧掉。花树烧完，纠首、会长带乐队到挂塔渠迎塔。塔是赛花当日一早挂上的，塔身似幡，长6米，塔顶约1米，挂于沟底大树上，随风飘起。焚花后，六大神社选出的六个纠首，身披纸制剪花彩带，三个跪庙前，每人面前放红布一块，上放碟子一个，另三个纠首端盘跑菜，纠首要在鼓乐的伴奏下跑72趟，给娘娘供餐。

　　到此整个祈福活动告一段落，十九日几乎与十八日流程相同，不再赘述。

　　黄河边的每一种祈福活动既是某地的民俗文化展示的舞台，又是一处与山、与水、与村庄、农舍共构的景观，更是某一地域内民间艺术的博物馆。通过这样的活动我们不仅可以感受到一地的人文信仰、风土人情，更能从中体会到当地的饮食文化、建筑文化，对多种民间艺术有十分直观的感受，可以细细品味出这方水土的酸甜苦辣。

花会，是一种将多种民间艺术集中展示的集会，自然、纯真、纯朴地将当地所有的一切融为一体，构成一幅立体的民俗风情画。这是一个有着神秘色彩的文化空间，以普通民众为参与主体，民间土壤为根植地，以真实的场景将民俗文化在某一社群境域内呈现。我们外人没有立场在哪个高度去区分其纯真与虚幻、精华与糟粕，合理性是其流传存在的根本。无论哪一种信仰，只要是劝人向善，一定比没有信仰、丧失道德、唯利是图好之又好。

大河延续了所有的礼神活动，这里的人们传承了善良、宽厚的品格。

二月二，一群黄河汉子迎着刺骨的寒风，只穿一件裤头，背负着大块的寒冰，敲击着震天的锣鼓昂首行走于大河之边。这是黄河汉子无畏的宣示，是一种豪放、血性和强悍的基因的真实诠释，这是天地之间最直接、最慑人、最彻底的壮举。

問俗

　　黄河沿着山西的西边流淌了几百公里，夹持在晋陕大峡谷中逶迤向南。出龙门便如脱缰的野马，开始在河东大地信马由缰，到风陵渡转弯向东，河床更是变得宽阔，往往是此岸望不到彼岸，彰显着大河风范。

　　独特的地理位置造就了独特的地域文化，这里有大约170万年前的西侯度文化遗址，有距今60万年前的匼河文化遗址，也有炎、黄二帝和尧、舜、禹以及商族的始祖殷契的文献记载。这里山川秀丽，物华天宝，文化遗址星罗棋布；这里人杰地灵，名士辈出，张骞、蔡伦、扁鹊、司马光等历史名流数不胜数。远古遗风必然有迹可循，今天的"背冰亮膘"便可管窥一二。

　　每年二月二"青龙节"，这里便会举行多场原始、古老的祈福活动。"匼河古会""背冰亮膘"等活动相互融合，在春风中奏响古老的礼乐，在中华民族源远流长的文化长河中涌起蓬勃生机的浪花。

　　同样的民俗活动经常会在不同的地域上演，这首先要感谢祖先的传承，但是，我们所处的当世却多次出现争抢正源正宗的行为，往往是吵得天翻地覆，争得不可开交。其实，斗转星移，我们已是后生，今天所见，上溯几百年或者是几十年，这些活动必然是以同样的形式流传于此地，这种争抢现象不能怪怨于活动本身，背后的原因更多的是眼前利益之争。

　　我查阅有关资料，匼河人传说："匼河人背冰的来源久远，口口相传的远古部落已有流传。相传部落重视训练捕猎基本技能，其中最直接也是最有效的便是负重训练。人们还定期举办负重登高比赛。优胜者必然会获得异性青睐，从而得到优先交媾权。在某一天的比赛中，出现了两位勇士不相上下、旗鼓相当的结果。两位争执不下，其中一位背起了一根很粗大的枯树继续前行；另一位用石头砸开冰封的河面，将一块大冰负在背上，努力追赶。部落首领对背冰的小伙子特别感

兴趣，赏给他部族最漂亮的姑娘。为了褒奖和鼓舞大家，部族首领也把另一位漂亮女子赏赐给背木头的小伙子。从此，每年的负重比赛，每个小伙子都会使出浑身解数、绝招频出来吸引自己的心上人的注意。背石头、背木头、背河冰，甚至故意亮膘展示实力。"

　　长旺村人则说："你们的来源虚无缥缈，我们却是有据可查。太平天国年间，将领林凤祥、李开芳率部北伐，一路过关斩将，来到山西河东地区。战事连连，北伐的太平军遇到清军的火龙阵阻挡，无法前行。在这种危急的情况下，永济县首阳长旺村的村民相福禄自告奋勇，率领二百名精兵，背着冰块化装潜行，将冰块投入火阵，为北伐的太平军打开了通路。为了纪念此事，长旺村年年举办'背冰亮膘'活动。而且，这种'背冰亮膘'

问俗

活动还要沿着黄河边行进。一边是汹涌澎湃的黄河，河床中滚动着冰凌，岸边是踏着鼓点、光着膀子的'背冰亮膘'队伍。"

有关这一民俗活动的起因还有一些传说，我们就拿这两种传说来做一比较，依据河东文化的源远流长及整体活动的形式来看，我愿意相信匼河人的传说，虽然缺乏了英雄主义的标榜，但更为符合这一祈福仪式的原本意义。历史已随滚滚大河东去，面对存在的真实，我们只能从一些残留的碎屑中杜撰出所谓的真实源头。其实，这样的行为大可不必。我们应该更多地去了解这种活动产生地的民俗民情，去感知远古之风的遗传脉络，也许这才是正解。

第一次去匼河古会拍摄，活动规模宏大，我到了的时候，活动已然在进行中，更多地只是感受到了这是一个全民狂欢的古会。一群来自四乡八邻的古会虔诚追随者，他们从虔诚的祭拜到近 20 个方队的展演，张扬的鼓点表达着人们难抑的兴奋，到处见到的是欢乐的笑脸。他们无论老少，无论男女，从 5 岁的儿童到 93 岁的老汉，家家参与，人人忙碌，欢笑声充满了整个村庄。我甚至有些不相信此刻正是走在一个仅有 2000 余人的村庄，耳闻目睹的一切深深地感染着我，直击内心的震撼。

匆忙的镜头随着散去的人群而寂寞，我除了傻傻地欢笑其实是一无所获。回忆中只残留了这一活动的大概，全民参与，每个人既是观众又是演员，这样的现象在诸多黄河祈福活动中有所表现，但没有匼河这里纯粹，村里的每一个人都是活动不可或缺的一分子。我思考了很久，认为这样的现象恰恰是一种文化传承的深厚，一种文化自信的具象表现。回顾历史，只有自信的朝代、自信的文化才是全民同乐的盛世。从"汉""唐"到"宋"，我们感知了那种文化自信的辉煌。河东人正是有了这样的底蕴才有了这样的自信，让远古的祈福活动不再是庙堂之上的虔诚跪拜与战战兢兢，而演变成了一种全民参与、人神共娱的狂欢。

长旺村的活动我提前寻去，因为近些年农村人口大量的外出，很多活动提前至春节到元宵节期间举办。但去到村里才得知，这里的活动依旧在二月二，今年的"背冰亮膘"是在总指挥相自兴的统筹下如期举行。我的提前到访恰好可以从容了解，相先生不是很健谈，但说话简明扼要，一顿饭的工夫已经将活动大致介绍清晰：

　　村里有六垛，即代表六个部落，槐园社和油坊巷是对家，东风社和西西社是对家，长门社和尧王巷是对家。各家起事闹社火之前，都要先"逗社火"，类似于预热，逗社火的时候更像是在"斗"。一大早，先有一群小孩子手敲锣鼓，怀抱公鸡，跑到对家的门前去"逗"，"你是软蛋还是硬蛋？"大喊大叫，刺激对家。接着，大人们就赶着牛，拉着犁，提着乌龟来到对家社火头门前，在对家门口乱犁，戏谑耍闹，并大喊："你装鳖哩，王八不出来。"受到强烈刺激的社火头终于憋不住了，出来开始相互斗嘴，你来我往。最后，双方约好，什么时候起个事，闹个社火。

第二天一早，太阳还没出来，社火头就会扛着插有龙旗的大镖，露背赤脚穿着红裤衩从家里走出来。社火头的大镖一举，身后边立即跟上一群赤裸着身子的村民，分别组成铳队、背冰队等。这时候，其他垛的队伍也相继走了出来，走街串巷，沿途送福，最后在村里舞台前的空地汇合，集中进行祈福仪式，整个活动一天就弄完啦。

我询问是否还去黄河取冰，是否还在河边祈福。相先生摇头答道："现在气候都变暖了，整个冬天都不结冰，现在的冰是提前冷库冻下的。河边也不去了，有时候倒是会去市里表演，但那就是摆摆样子，和在村里的不一样。"

我又问："能不能今年去河边走走，我们也找找先人们的感觉。"他笑着答道："也不是不行，其实我们也想去看看，要不我和大家商量下，今年就去河边走走。"

在河边行走了半月有余，二月二的一早我很早就赶到了村里。等我到时，已有几垛的汉子集中到了锣鼓的前面，村里的书记、支书都在背冰的队伍中。等到集合完毕，约由 20 人组成的队伍平均年龄在 55 岁左右。这些已不再年轻的汉子们，彰显着黄河汉子无畏的勇气。汉子们身着短裤，头裹红色绸巾，肌肉裸露在严寒中，手持古铜锣，背负脸盆大小的冰块。融化了的冰水顺着他们的脊背、双腿渗入脚下的黄土，但丝毫看不出他们寒冷的感觉，个个昂首挺胸、气宇轩昂。

　　队伍很快集合完毕，依旧是河东人的特点，全村人组成了几个方队，走在前面的是孩子和老人；中间的是婆姨们的方队，她们背着硕大的花树，且花树上垂挂一面镜子；后面才是背冰的汉子方队。

　　锣鼓齐鸣，队伍开始有序前行，街道边站满了如我一样的外乡人，以三分羡慕、四分崇拜、五分猎奇的心态观看着这场黄土地上仪仗队列式的原生态民间活动。队伍每到人群密集处，总是可以看到有人拿着水桶往背冰的人身上泼水。那白色的水柱在空中形成一道刺骨的弧线，又在背冰人的肌肉上激起阵阵白雾，散落成万千水珠。汉子们依然雄赳赳、气昂昂稳步向前，形成一道惊心动魄的健与美的风景。

队伍整个上午都在村子的街巷中穿行，力争把今年的好运带给所有的宅院与人们。我停下追随的脚步，折去今天的主会场，那里正在进行着古法祭拜。沿途几乎都是空寂的巷子，远处的锣鼓已然将人们裹挟而去。偶尔有步履匆忙敬献贡品的婆姨，我便随她而去。

主会场设在古庙与戏台中间，很是宽敞。我亦去点三炷香给庙里的神灵，黄飞虎端坐主位，其他神仙位列左右。才出了庙门便看到总指挥相先生正忙碌着安排事务，急忙上前致意，也得到了一个绝好的消息，大家同意饭后去黄河滩为我行走一番。刚要继续询问具体事宜，忽然便听鞭炮齐鸣，锣鼓山响。抬头看时，刚才还空寂的场院瞬间便人头攒动，水泄不通。

在人流涌动之中，一些高高的花树很是显眼，这是一种名为"背花撒锣"的古老传承。锣用山桃木弯成弓形，用彩纸缠裹，根部系于腰背，稍端弯曲从头部上面伸出，用五彩纸制作成枝、叶、树状花丛中悬挂着明镜。枝杈间系挂锣带，锣垂胸部，左手护之，右手持锣锤上下挑擦，也称"撒锣鼓"。

《续汉书·舆服志》记载，东汉皇后盛装谒庙时的首饰有"步摇"，其形是山状的基座上安以缭绕的桂枝作为装饰，枝上串有珍珠鸟雀等。与会上"撒锣鼓"的头饰极为相似，可见有其溯源处。锣声音很大且柔和，又不乏震慑与穿透力，加以古朴的装饰倒也符合河东之深厚底蕴。

午饭结束已是下午 4 点，人们也基本散去。我们一行几十人便浩浩荡荡迎着阳光西去。转弯出村，便见远处波光粼粼大河横亘。小路很窄但笔直通向河边，路面的黄土很是光滑瓷实，看得出是村民多次往返的痕迹。黄河可能在旅人的眼里只是一条河而已，但在河边村民的眼里却是哺育自己的母亲。村子的所有故事都有着黄河的味道。风吹过河滩，不知名的蒿草迎风摇动，整个天地都为土黄色的世界，一些渔船散落在蒿草中，它们很完整，应该是村民过几日下河捕鱼的用具。斜阳、蒿草、渔船、大河、一群赤裸身体的人，瞬间便让我有穿越回原始世界的感觉。

这样的环境，足以让我们对"背冰亮膘"有所思考，村庄、村人及我都是历史长河中的一个瞬间，都是在黄河这个流动背景下的历史影像。时过境迁，我们都会很快淹没在滚滚浪花之中，但这种民间祈福活动却代代相传，依偎大河而鼓乐不息。也许我们不可以称其为文明的传承，但其一定是河东根祖文化中不可或缺的一个重要篇章。那些寒风中赤裸的身躯越来越高大，那些铿锵有力的脚步一定会留下更深更远的足迹。

　　来到大河岸边，水面依稀流动着上游开河的残冰。村人们进行了简单的祭拜，眼里瞬间便庄重起来。他们排列整齐，在一声震天的鼓声后，开始了真正的行走。锣声似乎比在村里时更加响亮，不知是谁喊出了第一声号子，紧接着便是齐声的呐喊。那声音威武雄壮，响彻云霄，撼动心灵。

　　这是黄河汉子无畏精神的宣示，是一种豪放、血性和强悍的基因的真实祖露。呐喊声中是人们千百年来对土地的热爱、对大河的信仰，对所有的不公与无奈的宣泄。他们知道，无论到何时，他们所依赖的只能是脚下的黄土、身边的大河与黄河人不屈不挠的性格。生存的艰难让他们泛神崇拜，那一声声呐喊是对一切外在压力包括大自然不可抗力在内的摆脱和释放，是求其生存顺利的拳拳斗志。那是天地之间最直接、最撼人、最彻底的壮举。

　　我庆幸有这样的经历，看到了他们面对大河时的情不自禁，也更明白了黄河岸边的这些祈福活动原本是这样的震撼。他们不像在村里时那样喧哗与左顾右盼，他们的脊梁此刻挺得笔直，他们的动作在号子声中整齐划一。那古铜锣的声音仿佛是从远古传来的号角与现代建立起共鸣。借着渐渐落下的夕阳，我应该是看到了他们眼中泛出的泪花。我忽然有些顿悟，他们这是用力敲给自己聆听，用尽全身的力气祭拜着自己的内心。他们一趟又一趟地走去又走回，完全忘记了所有，直到所有的力气都耗尽。

落日的余晖拉长了河滩上这些背冰人的身影，他们默默放下了锣，将身上背着的冰取下，背对着黄河围成一圈，然后开始奋力将冰块砸向地面，一次又一次高举又落下，直到冰块都散落成颗粒，仿佛要将所有的不快、所有的不好都通通砸碎。

活动就在这一片冰碎的声音中落下了帷幕。我没有随他们回村，简单的告别后，目送他们远去。坐在大河边上已经很多次了，今天的心情却再一次激荡反复。回放着一整天的所见所闻，很多的画面给我深深的记忆：一群穿着厚厚冬衣的人围着一群赤裸的背冰的人；刺骨的寒风中，一瓢又一瓢冷水泼在背冰人的肌肤上；黄河滩上震天的呐喊声中，一群背冰人眼含热泪……

这就是河东人的"背冰亮膘"，这是一种人类天性的夸张表达和真诚吐露，是一种群体的自发呐喊，并且这种自发性极少受到任何外来力量的支配和控制。准确地讲是心灵驱使下的祈望。风调雨顺、五谷丰登、驱邪佑安只是我们所听闻的命题，但其中蕴含的人性释放与自我崇拜却很少提起。我们面对一种活动的源远流长，应该考虑到其中的多元以及复杂性，需要从历史、从地域、从人性上去全面着眼而非放大局部。也只有沿河人的独有性格，才能诠释出这种力量的勃发，壮烈式的本土美感。

间隔

岚城贡会

农历二月十九，岚城北街有一传统的贡会，街上会摆满巧媳妇们精心准备的面塑。贡会的主要活动内容有面塑的制作、展示过程。这是一种用面食作为祭祀、新福的载体，来体现人们对过往缅怀，对未来向往的民俗活动。

问俗

农历二月十九，岚城北街有一传统的贡会。其主要活动形式就是摆贡，用面食作为贡品、祈福的载体来表现人们对过往的缅怀以及对未来的向往。

面食作为山西的一种特色食品，是每家餐桌必不可少的美味。把蒸制面食作为贡品也是每一种祭祀活动不可或缺的。但岚城贡会却有以面食为祈福载体的唯一性，并且其中倡导的又是孝道文化。想要了解这一活动的背景，我们必然要先了解这方水土，了解山西面食。山西人喜吃面食，这大概是海内外闻名，地道的山西人一日不吃面食，便如没有吃饭一般。

岚城由于地处内陆高原山区，沟壑纵横，适宜耐旱五谷生长。远古经济以自给自足为主，取材于当地所产小麦、玉米、高粱、谷子等杂粮，限定了饮食向着面食文化模式发展。面食用方便，还十分抗饿，在农家巧妇不断地努力探索之下花样百出，形成了有别于其他地区的特殊的面食文化。

馒头是面食家族中的最大一支。《事物纪原》里记载，早在三国时期馒头就开始作为祭祀供品出现。此后便一直担负起祭供的职责。馒头有一个共同的特点，都是用发酵面粉为主料入笼蒸制而成。岚城贡会所呈现的面塑也是由此演变而来。

　　岚城面塑，源于先秦而形成于汉代，在当地又叫"面花"，是作为礼仪、岁时等民俗节日中馈赠、祭祀、喜庆、装饰的信物或标志，是一种风俗习惯久而积淀成的极具代表性的地方文化。岚城面塑经过揉面、造型、笼蒸、点色而成，造型夸张、生动，用色明快、大方，风格粗犷、朴实、简练，富有雅拙的美感，具有鲜明的地方特色。在过去食物匮乏的年代，供奉神灵后供品要再祭人们的五脏庙，食物也发挥了敬神育人的完美功用。

　　岚城贡会的起源，我们已无从查考，但当地一直有流传的故事。相传很久以前，本地有一位善良贤惠的年轻媳妇叫慧莲。她过门不久，丈夫去世，婆婆也因此双目失眠。她精心侍奉婆婆，持家种地，四处求医买药。但收入微薄、开销太大，在万般无奈的情况下，婆媳二人四处乞讨。在一个风雪交加的冬夜，婆媳俩宿住一座破庙，饥寒交迫，二人昏倒在地。朦胧中，慧莲看见一位白衣老太手持拂尘翩然而至，用拂尘在婆婆双目上轻轻一拂，盲婆婆的双目便立刻放出光芒，能看见了。慧莲很感动，挣扎着爬起来跪地拜谢。而后白发婆婆将她扶起，称其孝心感动上苍，特遣派她来救助。后来，白发婆婆又传授慧莲秘方良药，让她行医乡里，为百姓治病。慧莲艺术高超，老百姓称她为神医仙姑。慧莲一直活到 99 岁而坐化。乡亲们为纪念她，在她坐化的地方修了座庙，并把她坐化成仙之日——农历二月十九日，作为一年一度的纪念日。每年这一天，当地百姓用技艺精湛、制作精美的面塑作为供品，来祭祀这位百姓心目中的活菩萨。

传说是虚幻的，但其精神内核却是人们心中一直以来的追求。传说教化善待老人，教化好心好报，教化得道后普度众生。这何尝不是我们黄河人千百年来的善愿，也是我们代代焚香祈福的原因。

二月十八，我们一早便进入岚城镇。镇子规模宏大且建筑考究，以寺楼为中心，分为东南西北四条街道，每一个街道便是一村。这里在20世纪50年代是当地政治集权所在地，所以遗留了这样的规模。岚城贡会是北街村的传统，这里的每一户人家都已经进入忙碌的准备阶段。

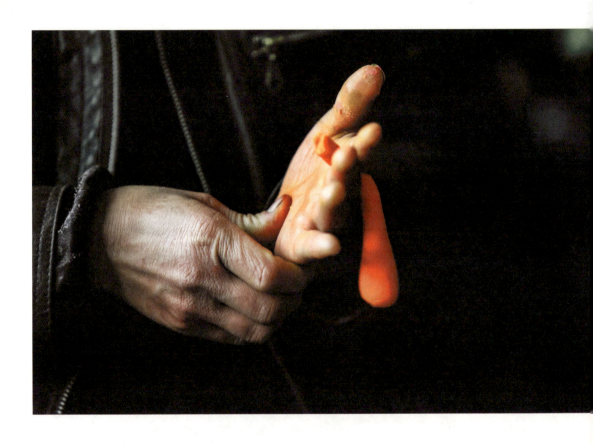

　　沿街巷寻觅，随手推开一家院门便可以看到热气弥漫的房舍。窗户上隐约可见家中有穿红戴绿的媳妇们忙碌的身影。进到家中，首先映入眼帘的是占据了房屋的一半面积的一盘大炕，炕头靠近窗户一边有灶火相连。炕上有人盘腿而坐，手中忙碌揉搓、捏扁着大小不一的面团。炕头有人站立灶旁，灶下柴火通红，锅中热气蒸腾，人们有条不紊地把做好的面塑摆放锅中。

　　我走进几家，基本都是同样的忙碌。每家面塑各有不同，造型全凭巧媳妇自己构思，有象征人丁兴旺的十二生肖；有象征五谷丰登、六畜兴旺的家禽、家畜；有象征长寿的松鹤延年、寿桃；有象征喜庆吉祥美好愿望的如意璧合、鱼跳龙门、马上封侯；还有一些取材于历史故事和民间传说，如唐僧取经、悟空降妖、天仙配、鹊桥会等。面塑虽有大概题材，但没有一样的造型，一双巧手上下翻飞融入各自的情感追求及美好寄托，瞬间便有古朴、憨态十足的各种面塑作品活灵活现地呈现在我们面前。

　　我注意到一个细节，在家中主要创作的都是家中的女子，老一点的是婆婆，年轻的是媳妇，小一点的是女儿，几乎都是三代人共同完成。言传身教，这正是面塑的传承方法。家里的男人也都在忙碌着，他们粗糙的大手此刻也灵巧无比，一些面塑需要的配饰在他们的手中摆弄摆弄便绽开成美丽的花朵。

炕上有一个木质的盘子，里面摆满了各种家中常用的缝衣针、剪刀、纳鞋底的锥子、大小擀面杖、菜刀等物品。媳妇不时拿起这些工具在面团上捏、剪、割、揉、夹、压、盘、叠、镶、嵌等，一团面逐渐改头换面，变得栩栩如生。有的还要贴花、描绘、上色，制作成彩色的面塑。

再走进一家，在这里我发现了大不一样的面塑，一头长约一米的牛已见雏形。灶头大锅内是糊状的面浆，三人不断地舀出面糨糊抹在牛的身上。男主人认真地蹲在地上，不断地审视整形。等一锅面糨糊完的间隙，我好奇地询问，得知这是贡会每年最重要的贡品，根据当年的生肖来制作。因要求体型巨大，村内没有大型的蒸具来蒸制，所以选择了热加工，将煮熟的面一层一层糊抹在预先造型的钢架上。又因体型巨大，大概需要80到100斤面粉才能完成，面糊还需间隙糊制，待一层凝固把硬后再糊抹一层，几乎要一天的时间才能完成。塑形完工后，每年的生肖大

问俗

供一般还要描绘成金色，摆放在仙姑观音的面前。

夜已经很深了，但返回住处的路上依旧可以看到每家每户灯火通明，依旧可以听到她们的欢声笑语。

清晨还不到 5 点，我便被一阵鞭炮声惊醒，急忙起床却不见了房东一家，听门外已经是喧闹一片。我抓起装备急忙出门，街上已经是熙熙攘攘。摇动的灯火中，街上已经摆起长长的供桌，连接着整个北街。人们忙碌着端着各自的面塑，急切着向大士阁方向移动。天色墨蓝，点点灯火下长长的供桌很快摆得满满当当。

太阳仿佛是被人们的热情唤醒，从东头的山梁探出了好奇的目光。瞬间，整条街便再次喧闹起来。摩肩接踵的人们在纠首的引导下开始围绕供桌走动着，走走停停、指指点点地点评着每家的面塑成色，守在自家面塑前的媳妇们脸上笑意满满，好听的不好听的谦谦接受。人流如河水般流动着，先来的走了，后来的加入，始终是火热的喧腾。

祭拜仪式在纠首的指挥下有条不紊地进行着，路过的人们会做短暂的停留，向着高处的仙姑观音祭拜。更多的时候，则被裹挟着转动，我几乎没有停下来拍摄的机会，也只好在不断挪动中想方设法地抓拍一下这欢乐的胜景。一个上午就这样在转动中流逝，正如我们的一生也在黄

河的流动中消逝。我移动着脚步，感受着大河边的美好。神秘的大河流淌亘古，也留下了这些美好的祈愿仪式，福佑着大河岸边的生灵。大河边的人们也在用自己的行动祝福着自己，佑护着大河。依河而生的人民就这样代代相续，一种河水浸泡出的黄色就这样从东方印染着世界。

返程的路上，我吃着老乡送给的贡品面塑，品味着
清甜的麦香。回忆中将这些精美的面塑和当地人们热爱
生活的美好心情融入文字，也再次感知着这些面塑中沉
淀、凝固、张扬的那些朴实无华的孝心、爱心与对美好
生活的无限向往。

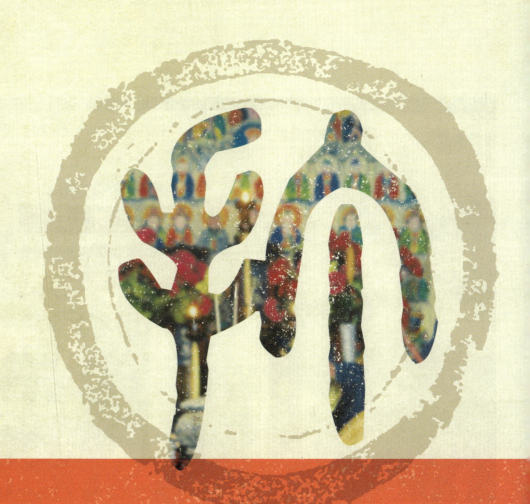

打醮

山村的夜，一群怀着感恩心的人们默默祈福于此。他们利用三天的时间，以一种民间宗教的形式告慰亡灵，祈愿未来的安康。其中，有喧天锣鼓、神秘的祈祷、狂放的伞头秧歌，他们用自己的形式演绎出敢于直面所有苦难的一种无畏的精神。

据《昭明文选》记载："醮诸神，礼太乙。"而《隋书》中又写道："夜中于星辰之下，陈设酒脯、饼饵、币物，历祀天皇、太一，祀五星列宿，为书如上章之仪以奏之，名之为醮。"意思所指"醮"就是祭神的意思，其原始的目的，是古代农人对天上神佛的庇佑表示感谢，或祈求平安而举行的隆重祭典。祭典乃通过道士为媒介与鬼神沟通。

汉末道教盛行之后，"醮"逐渐衍变成"道士设坛念经做法事"的专有名词，其原始意义，主要在于祈求风调雨顺、国泰民安。最后，

它又演变成了祈神酬恩和施鬼祭魂合二为一的民间祭典活动或传统节日。

打醮之俗可溯及先秦。宋玉的《高唐赋》中已有"醮诸神"的记载。以后各朝各代，这种请道士通过祭祀消灾求福、超度亡灵的仪式绵延不断。清代顾张思的《土风录》卷二"打醮考"载："黄老之学，本于清净自然，地狱天宫，何尝言及？黄冠辈见僧获利，从而效之，送魂登天，代天肆赦，鼎釜油煎，谓之炼度，交梨火枣，用以为修，可笑者甚多，如罗天大醮、平安大醮，名目不胜记述，即今之打醮也。"

黄土高原上的人承袭了这种习俗，直至现在。

这是前去子洲县拍摄打醮所做的案头资料，行走黄河的日子，每去拍摄一个民俗活动，习惯前几日便做些案头工作，提前的了解虽然不能做到胸有成竹，但总是可以给到一些帮助。

从克虎过黄河，穿过佳县，沿国道到达子州。大年初二的道路上大多是走亲串友的摩托车、自行车。红红绿绿的人们增添了许多过年的味道。到达子州已是夜幕低垂，县城的夜早早便无人行走，静静的如本来的夜。

浸入黑黑的夜寻找，终于有一家小店透出暖暖的灯光。我撩起厚厚的棉布门帘，一股热气扑面而来。店里不大，只有十几平方米的样子，6张桌子已经是满满当当。一张桌子上有几个年轻人正在吃饭，看我进来，站起来一位招呼着。我们点了面和两个小菜，他去后面忙活，菜很快上桌，我们也开始聊起来。小伙子就是小店的老板，得知我们是山西来客，便热情地邀请我们并到一桌一起喝酒。几杯烧酒下肚，大家伙儿熟悉起来，得知我们要去拍摄打醮活动，同桌的两位年轻人说他们也会去，有个小伙子的家便是一个叫作驼巷的山村，今年的打醮就在那里举行。我们约好了明天出发的时间，便早早散去。

　　第二天一早，我们在旅馆门口会和了早早等在这里的三宝和他女朋友。一路有了三宝的指引倒是省去了很多问路的时间。我问三宝："打醮参加过几次了，这里的和佳县的有啥区别？"三宝摸了摸头，笑着说道："我们从小就参加，今年都 18 了，参加过多少次记不清了。佳县那里的是清醮会，规模比我们大；我们这的省事些，人也没那么多。规矩差不多，也有起幡、游九曲等，但我们主要是为了祭祀先人，夜里的活动多一些。"

　　我说："你年年参加不？有意思不？"他又笑笑说道："记事起就每年参加，有时候在邻村也去，红火热闹了。我女朋友就是邻村的，我们就是会上认下的。"我回头看看后座的女子，长得眉清目秀，很是标致，便又问道："听说你们县上的人都会唱民歌，你们会唱不？"女子看了看三宝，没有答话，三宝也看看女子，女子右手把辫子把弄了一下，张口就来："对坝坝的那个圪梁梁上那是一个谁，那就是咱们有名的二妹妹……妹妹站在圪梁梁上，哥哥他站在那个沟，想起我的那个亲亲泪慢流……"悠扬的信天游瞬间灌入了我的耳朵，充满了车厢，飘去车外的黄土高原。

　　我静静地听着，陶醉在这质朴、优美之中。三宝不时会对唱，声音亦粗犷、动听。歌声陪伴着我们的行程，倒很是惬意。我很陶醉着听着，很羡慕地看着她们笑，那是一种幸福满溢而出的笑容，干净并且很有感染力，足足可以融化黄河的冰。

　　这就是陕北，我们没有理由不热爱的陕北。

车子很快到了驼巷，路边圪梁上人们正在忙碌着升佛塔。女子告别我们，蹦跳着回村，三宝约好了我们晚上住在他家，便急忙爬上圪梁帮忙。

佛塔是用五色彩纸剪裁粘贴制成的纸塔，一共五个塔，中间一个最大最高，约 4 丈左右，其余四个约 3 丈左右。在两个山头之间，山脚下就是村庄，也是明天祭祀的地方。

佛塔很快便升起，吉祥笼罩在山村的上空。一阵锣鼓开始喧哗，气氛躁动起来，山脚下的人们已然围绕着一处小庙开始转动。中间的场地上，几位老者披戴着深色的袍衣，手持经幡，口中念念有词。一段经文念完，手持各种绘有古老图腾旗子的人们跪倒一片，虔诚地磕头行礼。然后经文又一次唱起，老者们边唱边又开始走动，围绕着山村几处早已搭好的祭棚顺序祭拜。人们尾随其后。我很快在队伍中找到了三宝和他的女友，他们已经换上了红色与黄色的衣服，脸上亦涂抹了妆彩。我们只是简单的点头示意，他们很快便消失在人海中。

这是一种叫作转幡（也称祭幡）的仪式，凡来参加祭事活动的村民都要跟随手执法器的佛教居士旋转，有时呈圆形、方形、九曲形、弯曲形等，然后成排列队跪在地上、烧纸、燃香、叩头祭拜。

我有些惊诧于队伍中大都是十几岁的年轻人，更多的中年人或站在高处，或跪在路边。孩子们的脸上没有这个年龄应有的稚气与不羁，更多的是庄严与肃穆。那些古老的图腾与他们年轻的脸交替出现，让我恍惚。

活动在下午 4 点的时候告一段落，我在三宝的带领下见到了这次活动的纠首。这是一位典型的陕北老人，脸上刻满了岁月的沧桑，他的背已有些弯曲，给人多年负重的形象。我简单说明来意并随喜了一些，老人微笑着对三宝说："娃，和你大说，把客人接待好，吃饭就在会上了。"纠首去忙了，三宝忙领着我去筐里拿了碗捞面。

墙根下、土坎上到处都是吃饭的乡亲们，和刚才的严肃相比，此刻的他们，尤其是那些孩子们都玩笑、打闹着，脸上写满了天真与快乐。我看着他们捧着一碗面，吃得如此陶醉与香甜，有些羡慕、嫉妒，我们在城市的欲望中生活得太久，已然失去了这样的纯粹。

幸福真的与物质有关吗？就在把这些年河边行走的纪录集合成书的这些日子里，我心静如水，尝试过着最简单的生活，一日三餐亲自动手去做，吃老家种的菜，抽自己合适的烟。几个月下来，基本每个月的必须开支不到 500 元。我仍然还活着，并且比以前灯红酒绿、山珍海味的时候还健康、快乐。

其实，很多的时候我们都迷失了自己，活在别人的眼里，活在一些对生命本体毫无意义的日子里，但又始终走不出这个怪圈。

夜幕很快笼罩在山村的上空，人们又开始集合在一起。依旧是纠首和老者们带领，开始了祭古魂、放焰口的仪式。这也是这里打醮最重要的仪式。参加本次祭祀活动的村民，按每户每人、包括嫁出去的女儿、已故的亲人，前世、今世、来世所欠下的各种债务，用镀金银色的纸，折叠成金元宝、银元宝（根据出生年、月、日、时来确定数量多少。），全村的人把所有金银元宝堆垒在一起、由居士们站在地藏王菩萨殿前诵经，村民围绕堆放金银元宝处烧纸叩拜，以此来缅怀先人，告慰亡灵。

夜色中的山村，场地上星星点点到处是燃起的火堆。他们就那样静静地跪着，心里一定在默念着将要告慰祖先的话，祈愿着祖先们眷恋着山村的后辈们，在另一个时空福佑山村的平安。他们将自己的祖先敬若神灵，他们感恩先人曾经的付出。

这就是山村的夜，一群怀着感恩心的人们默默祈福于此。其实，无论是他们还是我们都知道，生活中的天灾人祸不是几个头磕在神像前便能解决，一切还需要我们自己承受，自己想办法。但这些头磕在那里，心中便有了一种信念，有了一种无畏的精神，敢于直面所有的苦难，因此也有了一种慰藉，敢于面对所有不好的后果。

一个人的逝去是无可回避的现实，但他们的逝去如果可以让时空记住，那就可以让荒芜的山村有不灭的希望，让冷却的时间转暖。正如大河岸边的这些祈福活动，如果没有了散落在岸边的这些仪式，沿途所有的一切都将无法定位自己的存在，大河便不再完整。

　　大河两岸的人们经过这样的活动便可以静静地生活，他们不再抱怨不好的遭遇，不再焦虑所有的苦难，那些虔诚的跪拜更多的是跪拜给自己的心，学会了安静的生活。这就是我们听到的那些悠扬的信天游里，都是最美的生活的缘由。

　　窑洞的夜很是短暂，我们与三宝很快被山村的喧闹唤醒。上午依旧
是一圈又一圈的绕行与祭拜，与昨天不同的是，加入了很多的秧歌表演，
仪式的形式更多的有了娱人的内容。舞动的秧歌中，人们绽放出灿烂的
笑容，孩子们的天性在此刻发挥得淋漓尽致。那沸腾的黄土在山村的上
空慢慢升腾，幻化出狂欢的气场。

　　中午时分，纠首与一些老者开始从祭棚内请出释迦牟尼佛小塑像和韦陀菩萨小铜像各一尊，还有惶忏四部（共四十卷），会语签谱、水禄布花一整套。然后，人们开始整理楼轿供桌、灯山帐篷、钟鼎古磬等器物。我好奇问询纠首："这些物品我们都是一直沿用的老器物吗？"老人抬头看看我，长叹而言："我们这个仪式不知道传了多少辈了，其中受战

争暴乱、天灾饥荒、政治风波、人为纠纷等的影响，醮会有过中止、有过分裂、有过隆重、有过单调。但间隔、冷落时间最长、毁坏器物最多的是'文革'期间，十多年没有举办，器物也大都毁坏、失落。'文革'后，人们才从一些当年胆大的人手里收回了一部分藏起的器物，现在看到的是'文革'前的一半都不到了。"

我沉默无语，也不知该怎样安慰老人。这种活动的好坏我们暂且不论，它根植于人们心中并且一直流传，那它一定是解决了人们的一些问题，让举办或参与这样活动的人心中充满喜悦，并且改变了一些活着的态度。一些人总是高高在上，以所谓的艺术性或哲理性评判着活动的好坏。其实大可不必，我们应该好好地坐在这块土地上，去观看人们在活

动中的欢乐与亢奋，探究其中的奥妙。大可用包容的态度重新审视活动的所有，不仅仅是其核心内容或意识形态，我们要看到整个活动的状态，包括很多，比如那些笑容、歌声等。我们应该像这块土地上的人们包容我们一样，包容他们。

民俗活动的魅力就在于一方水土一方风情。这些民俗活动存在于当地人的情感世界中，是他们赖以生存的环境与他们渴望拥有美好生活的心愿融合而成的一种生活仪式。我们不应该简单地定义、片面地理解。我们每一个人都应该站在这块土地上去，亲自去体验一次这样的活动，你会从心里受到感染，进而对他们产生理解，自省我们的粗暴。

　　一会儿便是抬楼子了。人们将抬着轿楼将神像、神位送去明年举办祭祀的村庄。因为要去一路拍摄，我们回到住处去收拾行囊。窑洞的门口一些孩子在玩耍着，一颗早已破烂的篮球里面塞满了干草被他们踢在脚下，不时会因为这个球的去向爆出欢乐的笑声。我被他们的笑容感染，也想起我常常问自己的一个问题，我为何总是不那么幸福，不能像面前的乡人们这样绽放笑容？面对着眼前率真的、毫不掩饰的幸福笑容，我想应该是找到了答案，原来一切都因为我需求的太多，总是不断地向生活索取，忘记了生命本真的样子。

问俗

　　抬楼子很快开始了，山村再一次沸腾。它是活动的结束，也是祭祀活动的高潮。纠首开始整合队伍，带着五辆农用三轮车和挑选出的40多名年轻后生，引上吹手班子，奔向村口。随着三声震耳的礼炮和噼里啪啦鞭炮声，4个中年人抬起一座"韦陀神楼子"，默默不语，并在原地跟随铜锣敲打的节奏前后晃动，随着晃动地加大，神楼开始由西至东狂奔，楼轿到哪里，人即退闪，真有点汹涌澎湃之感。楼轿

最后又回到村庄，一一拜别了供奉了他一年的村里人家、跑前跑后的纠首与老人们。

队伍就此走向村外，锣鼓分列两边，成对手持"回避""肃静"牌、旗帜、长枪、刀、斧、戟的仪仗，维特神（开道先锋官）在四个神楼前引领，进退摇晃，浩浩荡荡。

　　十几里弯弯曲曲的山路，黄尘飞扬，欢天喜地的
唢呐声响彻黄土地上的沟沟壑壑。抬楼子的汉子们，
时而踏冰水飞渡，时而入圪针林疾驰，跳崖畔，跃黄尘，
宛如龙跃凌空。一路艰辛，他们的脸上漾出飞扬的神采，
尽管累得气喘吁吁，但看得出他们的荣光和自豪。

　　楼轿走到哪，沿路的百姓烧纸叩头，燃放鞭炮，
对神明感恩颂德，以求保佑平安、大吉大利。打醮活
动随着楼轿的稳妥落地而宣告结束。我们也走在返程
的路上。

　　沿河行走数年，经历了 12 种大型的民俗祈福活动，
我们从中更多地感受到了大河边上人们的善良淳朴。
黄河人与他们的这些活动必然延续了大河的文明，我

们活在当下是要跨越时空来正确认识它们的存在。是精华还
是糟粕，我们无权定义，我相信时间会给出最好的结论。我
们能从中看到不同的地域、不同的人对美好生活的共同追求，
一种多元形态的存在让我们对于远古，对于不同时空的人类
意识行为有了更好的了解，感知到这些仪式里，大河两岸人
们的喜怒哀乐，他们的心率呼吸，他们代代相传的血脉遗传
中精神的延续。仅此我们已是欣慰。

黄河的水流不尽，黄河边的故事讲不完。

河畔

黄河的祈福

图书在版编目（CIP）数据

问俗：黄河的祈福 / 周彬著 . -- 太原：三晋出版社，
2019.7

ISBN 978-7-5457-1914-7

Ⅰ . ①问⋯ Ⅱ . ①周⋯ Ⅲ . ①风俗习惯 - 介绍 - 山西 Ⅳ . ① K892.425

中国版本图书馆 CIP 数据核字（2019）第 152342 号

问俗：黄河的祈福

著　　者：周　彬
责任编辑：任俊芳
整体设计：贾兴国
责任印制：李佳音

出 版 者：山西出版传媒集团·三晋出版社（原山西古籍出版社）
地　　址：太原市建设南路 21 号
邮　　编：030012
电　　话：0351 - 4922268（发行中心）
　　　　　0351 - 4956036（总编室）
　　　　　0351 - 4922203（印制部）
网　　址：http://www.sjcbs.cn

经 销 者：新华书店
承 印 者：山西基因包装印刷科技股份有限公司

开　　本：710mm×1000mm　　1/16
印　　张：16
字　　数：150 千字
版　　次：2019 年 9 月　第 1 版
印　　次：2019 年 9 月　第 1 次印刷
书　　号：ISBN 978-7-5457-1914-7
定　　价：55.00 元